생산적인 삶을 위한 자기발전 노트 50

생산적인 삶을 위한

자기발전 노트 50

지은이 | 안상헌

펴낸곳 | 북포스
펴낸이 | 방현철

초판 1쇄 펴낸날 | 2005년 8월 10일
초판 26쇄 펴낸날 | 2013년 5월 15일

출판등록 | 2004년 2월 3일 제313-00026호
주소 | 서울시 영등포구 양평동5가 18 우림라이온스밸리 B동 512호
전화 | 02-337-9888
팩스 | 02-337-6665
전자우편 | bhcbang@hanmail.net

ISBN 89-91120-05-9 03320

값 12,000원

상상적인 삶을 위한 자기발견 노트 50

열심히 의미 있게 사는 법

안상헌 지음

시지프는 '인간 중에서 가장 현명하고 신중한 사람'이었다고 호머는 기록하고 있다. 그러나 신이 되기에는 반신반인이라는 출생의 한계가 존재했고, 원숭이가 되기에는 너무나 지혜로운 시지프는 신들의 미움을 사게 되고 결국 저승의 신 하데스에게 가혹한 형벌을 받는다.

하데스는 높은 바위산을 가리키며 그 기슭에 있는 큰 바위를 산 꼭대기까지 밀어 올리라는 형벌을 내렸다. 시지프는 온 힘을 다해 바위를 꼭대기까지 밀어 올렸다. 그러나 바로 그 순간에 바위는 제 무게만큼의 속도로 굴러 떨어져 내려갔다. 시지프는 다시 바위를 밀어 올려야만 했다. 왜냐하면 하데스가 "바위가 늘 그 꼭대기에 있게 하라"고 명령했기 때문이다. 그리하여 시지프는 "하늘이 없는 공간, 측량할 길 없는 시간"과 싸우면서 영원히 바위를 밀어 올려야만 했다.

다시 굴러 떨어질 것을 뻔히 알면서도 산 위로 바위를 밀어 올려야 하는 영겁의 형벌을 받은 것이다.

많은 사람들이 자신 또한 시지프의 형벌을 받았다고 생각하며 살고 있다. 노력하는 만큼 성과는 오르지 않고 삶의 질도 나아지지 않는 것 같다고 느낀다. 그 형벌이 적용되는 대표적인 곳이 바로 자기계발이라는 영역이다.

사람들의 생각에 따르면 자기계발은 해도 성과가 없고 안 하자니 불안해서 견딜 수 없는 그런 것이다. 불안한 마음에 이것저것 손을 대보지만 성과도 없고 재미도 없다 싶어 금방 포기하고 만다. "해봤는데 안 되더라"는 말이 우리의 슬로건이 되었다. 그리고는 인생은 부조리한 것이라고 규정하고 다른 사람들의 말과 언론, 광고들에 현혹되어 이리저리 흔들리며 살아가고 있다.

그러나 세상은 그렇게 부조리하지 않다. 해도 소용없는 그런 부조리한 세상이 아니다. 단지 우리가 머릿속에서 그렇게 생각하고 있을 뿐이다. 실제로 해도 소용없는 일이란 없다. 그것은 우리의 게으름을 숨기기 위한 변명에 불과한 것이다.

자신을 성장시키고 발전시키는 것은 몇 주 혹은 몇 달 안에 완성될 수 있는 그런 것이 아니다. 평생이 걸리는 일이고 자신만의 생각을 가져야만 가능한 일이다. 이 책에서 나는 일반적인 자기계발에 대한 관념들—몇 주 만에 성공을 달성하고, 몇 달 만에 큰 시험에 합격한다는 식의 말도 안 되는 주장들을 깨내려고 했고 성공의 진정한 모습은 눈으로 볼 수 없는 것임을 밝히고자 했다.

성공한 인생이란 별게 아니다. 그것은 자신이 하고 있는 일의 의미를 발견하는 것이고 또한 스스로 의미를 만들어가는 것이다. 자신이 하고 있는 일의 의미를 모르면 강요로 느껴질 수밖에 없다. 왜 자신을 성장시키고 발전시키기 위해 노력해야 하는지 이해하지 못하는 사람은 강요받은 인생을 사는 사람이다. 스스로 그 이유를 찾아야만 한다.

자유로운 삶을 사는 사람들은 다른 사람들의 생각이나 세상의 목소리에 현혹되지 않는다. 자신의 뜻을 가지고 의미를 찾아가고 있기 때문이다. 모든 사람들이 자유로운 삶을 만들어갈 수 있도록 도울 수 있는 생각들과 그것을 실현하기 위한 구체적인 방법론들을 정리했다. 원칙만 있고 방법이 없으면 실천력이 떨어질 것이고, 지나치게 방법론에만 집착하면 방향감각을 잃기 쉽기 때문이다.

생산적인 삶이란 어제와 다른 오늘의 나를 만드는 삶이다. 시간이 갈수록 우리는 자유로워야 하며 그것은 어제보다 성숙한 나를 만들 때 가능한 일이다. 지금의 자신을 새롭게 재창조하며 인생을 불꽃으로 살고자 하는 모든 분들에게 이 책을 바친다.

책이 나오기까지 많은 노고를 아끼지 않은 북포스 식구들과 늦은 밤까지 서재에 불을 밝힐 수 있도록 이해와 격려를 아끼지 않은 가족들에게 감사한다.

2005년 7월
안상헌

2부 성공을 위한 태도를 갖춰라

3부 배우지 않으면 성공은 없다

4부 행동하지 않으면 헛수고다

5부 자기 자신을 재창조하라

1부

끌려 다니지 마라

끌려다니지 마라

1

회사 일에만
매달리지 마라

아무것도 버릴 수 없는 사람은
아무것도 느낄 수 없다.
－니체

사람들은 새로운 일을 해보라는 충고를 들으면 시간이 없다는 핑계를 대곤 한다. 나 또한 그랬다. 내가 지금 하고 있는 것 이외의 것들을 주위에서 요구하면, 다른 이유들을 대며 어떻게 해서든 피해 가려고만 했다.

그러던 어느 순간 이런 생각이 들었다.

'시간이 없다고 말하는 것은, 내가 지금의 일에 매몰되어서 다른 일을 하고 싶어 하지 않기 때문은 아닐까?'

나는 지금 당장 직업이 있다는 이유로 보다 더 좋은 일들을 경험할 수 있는 기회를 포기하고 있었던 것이다. 단지 게으름 때문에.

회사 일에만 매달리면 자신의 재능으로 할 수 있는 다른 일들을 계발하는 데 관심을 기울이지 못하게 된다. 시간을 들여서 자신의 재능을 발견하고 그 분야에 대한 연구를 계속해야 하는데, 회사 일에만 매달려 있으니 그럴 시간이 나지 않는다. 점점 삶의 허무함 같은 것들이 다가와 괴롭히는 날이 많아진다.

아이러니하게도 회사만을 믿고 있는 직원을 회사는 좋아하지 않는다. 회사만을 위해 죽어라 노력하는 사람들을 회사가 좋아하지 않는 이유는 무엇일까?

그들의 태도가 변화를 거부하고 있기 때문이다. 회사는 환경의 변화를 잘 파악하고 세상이 어떻게 돌아가는지를 충분히 알고 있는 현명한 직원을 필요로 한다. 그런데 자신의 회사에만 매달리는 사람들은 세상이 돌아가는 모습을 올바르게 보지 못하고 보다 창의적이고 생산적인 아이디어를 만들어내지 못한다. 회사의 입장에서 보면 그들은 무능함에 가까운 것이다.

꿩장히 부자인 사람과 가난한 사람이 유명한 랍비를 찾아가서 상담을 받았다. 일찍 온 부자가 먼저 랍비의 방으로 들어갔고 한 시간이 지나서야 방에서 나왔다. 다음으로 가난한 사람이 방으로 들어갔는데 그는 5분 만에 랍비와의 면담을 끝내고 나왔다. 그는 좀 불만스러운 생각이 들어서 랍비에게 항의를 했다.

"부자는 한 시간이나 상담을 하고 저는 단 5분만 상담을 해주는 이유는 무엇입니까? 이것이 공평한 것입니까?"

그러자 랍비는 이렇게 대답했다.

"진정하세요. 당신은 자신의 가난함을 알고 있지만 부자는 자신의 마음이 가난하다는 사실을 알지 못했기 때문에 그것을 알기까지 한 시간이나 걸린 것이랍니다."

회사 일에만 매몰되어 있는 사람은 자신이 창의적이지도 않고 안전하지도 않은 상황이라는 것을 깨닫는 데 오래 걸리는 사람일 뿐이다.

스스로 능력이 부족하다고 생각하는 사람은 자기 힘으로 세상을 개척할 기회를 내팽개치고는 오직 지금 자신이 몸담고 있는 회사에 충성을 다하려 한다. 그것이 최선의 안전이고 지금 자기가 할 수 있는 모든 것이라고 생각하기 때문이다. 그리고는 자신이 우물 안 개구리로 살고 있음에도 시간이 없다거나 한 우물을 파야 한다는 논리를 펴면서 다가오는 기회를 거부한다.

기회는 자주 우리를 찾아온다. 단지 우리가 기회가 찾아올 때에 집에 없기 때문에 기회를 만나지 못하고 있을 뿐이다. 기회를 맞이하기 위해서는 문을 열어놓고 세상이 어떻게 돌아가는지 바라보아야 할 것이다.

회사 일과 자기 일의 적절한 결합을 통해 새로운 가치들을 찾아보아야 한다. 한 가지만 잘해서는 곧 한계에 부딪히고 만다. 회사 일을 아무리 열심히 해도 언젠가는 한계에 부딪혀 더 이상 새로운 아이디어가 떠오르지 않을 것이다. 후배들은 치고 올라오는데 나는 왜 제자리걸음 하는지 불안해하면서 살아갈 날이 올 것이다. 회사 일을 깔끔하게 처리하면서 자신의 재능을 이용해서 보다 창의적인 나만의 일을 하려고 노력하는 것이 현명한 행동이다.

　회사 또한 자신만의 독자적인 업무영역이 있는 사람을 원한다. 자기만의 장점을 가지고 독특한 생각으로 일할 수 있는 사람이라면 분명히 생산성도 높을 것이다.

　낮에 회사를 다니고 저녁과 주말에는 사회복지단체에서 간사로 활동하는 사람을 알고 있다. 두 가지 일을 동시에 의욕적으로 하는 사람인데 그의 꿈은 사회복지에 대한 전문적인 노하우를 쌓아서 그 분야의 단체에서 일하는 것이다.

　한번은 그가 다니는 회사에서 자기 회사의 이미지를 지역사회에 봉사하는 기업으로 만들기 위한 프로젝트를 진행하게 되었다. 문제는 회사 내에 전문가가 없다는 것이었다. 그가 프로젝트 팀에서 어떤 일을 어떻게 했을지 가히 상상이 가지 않는가. 그 팀은 그의 가치를 획기적으로 높여주었고 회사는 그 일을 그에게 일임했다.

　회사가 나에게 성장할 기회를 주지 않는다고 핑계를 대고 기다리는 시간에 자신이 할 수 있는 일들을 찾아서 스스로를 발전시켜 보자. 그런 사람들에게 기회는 문을 두드리는 것이리라. 회사 일에 지나치게 집착하기보다 자기 일에 대한 애정을 쌓아가면서 그것을 통해 회사와 함께 할 만한 일들을 하는 것이 생산적인 자기를 만드는 비결이다.

Skill of Life

회사 일 외에 자기 일을 만드는 방법

1. 어릴 적에 잘한다는 이야기를 들었던 부분에 집중하라

나는 어릴 때 만들기를 잘했다. 초등학교 때는 조소공예에 빠지기도 했는데 예술가들이 먹고살기 힘들다는 것을 알고 계셨던 아버지의 만류로 아주 실용적인 글짓기반으로 옮기게 되었다. 글짓기반에서도 상장을 여러 번 받을 만큼 성적은 괜찮았다. 어른들은 나에게 글을 잘 쓴다고 말했고 나는 그 말이 듣기 좋아서 더 노력했다. 아주 작은 재능이지만 계발하기에 따라서 능력은 만들어질 수 있다.

2. 좋아하는 일을 찾아라

좋아하는 일을 하는 것만큼 좋은 인생은 없다. 나는 다른 사람들이 어려운 일을 당했을 때 조언해주기를 좋아했다. 그래서 아이들을 가르치는 것이 꿈이었고 결국 비슷한 일을 하게 되었다. 좋아하는 일은 밤을 새워가며 노력할 동기를 부여해준다. 억지로 인내심을 발휘하지 않아도 되는 부분이 바로 우리가 좋아하는 일이다. 취미가 직업이 되는 사람들도 많다.

3. 사소한 부분이라도 무시하지 마라

큰일을 해야만 하는 것은 아니다. 오히려 작은 일, 사소한 부분에 관심을 가지다 보면 인생을 걸고 할 만한 일이 발견되곤 한다. 그것을 나는 '기회'라고 부른다. 하지만 사람들은 기회가 너무나 사소하고 초라한 모습으로 다가오기 때문에 그 기회의 중요함을 알아보지 못한다. 기회는 없는 것이 아니라 발견하지 못하는 것이다.

4. 회사에서 하는 일과 연관성 있는 곳을 자세히 살펴라

회사 일은 내 마음에 들지 않지만 그것과 연결된 분야 혹은 거래 업체에서 펼쳐지는 일들은 나의 관심사와 일치할지도 모른다. 평소에 관심을 갖고 눈여겨보면 괜찮은 분야들이 많다는 사실을 알게 될 것이다. 더구나 회사 일과 연관성이 있으니 당당하게 접근해도 누가 뭐라고 할 사람이 없다.

5. 다양한 친구들을 만나보라

세상의 직업은 다양하다. 다양한 친구를 사귀면 그 직업에 대해서 자세히 알 수 있는 기회를 얻게 된다. 친구만큼 자신의 일을 솔직하게 말해줄 수 있는 사람은 드물다. 친구는 경쟁자가 아니기 때문이다.

회사 일 외에 자기 일을 만드는 방법
1. 어릴 적에 잘한다는 이야기를 들었던 부분에 집중하라
2. 좋아하는 일을 찾아라
3. 사소한 부분이라도 무시하지 마라
4. 회사에서 하는 일과 연관성 있는 곳을 자세히 살펴라
5. 다양한 친구들을 만나보라

2

싫어하는 사람과는 함께 일하지 마라

상대방을 기쁘게 하려면
내가 먼저 기뻐야 한다.
– 한비자

어느 병원에 열심히 일하기로 소문난 간호사가 있었다.

어느 날 병실로 들어온 간호사는 곤하게 잘 자고 있는 환자를 깨웠다.

"어서 일어나요. 빨리요."

환자는 깜짝 놀라 잠에서 깨어 물었다.

"무슨 일입니까? 뭐가 잘못되었나요?"

그러자 열심히 일하는 간호사는 이렇게 말했다.

"수면제 먹을 시간이란 말이에요!"

열심히 일하면 성공하는 시대가 있었다. 그러나 전문가들은 그런 시대는 이미 지나갔다고 말한다. 지금 우리가 살고 있는 사회는 열심히 일한다고 해서 성공하는 시대가 아닌 것이다. 열심히 일하면 단지 생계를 유지할 정도의 생활은 유지할 수 있을지 모르지만 차원 높은 삶의 질을 보장해주지는 않는다. 고차원적인 삶의 문제는 바로 창의성과 관련되어 있기 때문이다.

열심히 일하는 것보다 더 중요한 것은 창의적으로 일하는 것이다. 현명하게 일함으로써 우리는 열심히 하는 것보다 훨씬 효과적으로 성과를 내고 일에 재미를 더할 수 있다. 남들이 해보지 못한 탁월하면서도 재미있는 일들을 해냄으로써 스스로 자부심을 느낄 수 있게 된다. 그런 자부심은 우리를 더욱 창의적으로 자극하고 보다 생산적인 사고를 하도록 만든다. 한마디로 삶이 재미있어지는 것이다.

현명하게 일하기 위해서는 같이 일할 사람을 현명하게 골라야 한다. 회사에 다니는 사람들이 같이 일할 사람을 어떻게 고르느냐고 말할지도 모르지만, 우리는 그럴 수 있다. 상사에게 요구하고, 회사에게 요구하고, 그래도 안 되면 다른 부서로 옮기면 된다. 그것마저도 안 된다면 회사를 옮기면 된다. 그러는 편이 서로 불편한 관계에 있는 사람과 일하면서 겪게 되는 감정과 에너지 소모에 비해 훨씬 이득이 된다.

내가 좋아하는 사람과 일하는 것이야말로 지식이 확장되고 효과성을 증폭시키는 최선의 방법이다. 우리는 열려 있을 때 가장 큰 힘을 발휘할 수 있다. 이른바 시너지 효과는 그와 관련된 사람들이 모두 열려 있어서 상호 활발한 의사소통과 자극을 주는 관계를 전제로 하는 것이다. 싫어하는 사람에게 정보를 나누어주고 격려를 아끼지 않는 사람은 아무도 없다.

같이 일하고 싶은 사람과 일하는 것이야말로 일에 재미가 생기고 창의적인 사고를 활용할 수 있는 확실한 방법이다. 하지만 자신이 원하는 사람과 함께 일하는 것보다 더 중요한 것이 있다. 그것은 나와 전혀 마음이 맞지 않는 사람, 얼굴조차 보고 싶지 않을 만큼 싫어하는 사람과는 일을 해서는 안 된다는 것이다.

사람을 좋아하고 싫어하는 마음은 스스로 통제할 수 있는 성질의 감정이 아니다. 특별한 계기가 만들어지기 전에는 감정을 컨트롤하기가 어렵다. 싫어하는 사람을 억지로 좋아하기 위해 노력하기보다는 차라리 그냥 무관심하게 아무 생각 없이 넘어가자고 생각해버리는 것이 훨씬 편하다. 따라서 우리는 자기가 싫어하는 사람과 일을 해서는 안 된다. 그와 같이 일을 하는 것은 일의 성과를 떨어뜨리고 나 자신 그리고 상대방까지도 불행하게 만드는 결과를 초래한다.

생텍쥐페리의 《어린 왕자》에는 여우가 어린왕자에게 자신을 길들여줄 것을 요구하는 부분이 나온다. 여우는 이렇게 말한다.

"우린 우리가 길들이는 것만을 알 수 있는 거야. 사람들에게는 이제 뭘 이해할 시간이 더 이상 없어. 그들은 상점에서 이미 완성되어 있는 물건들을 사거든. 그러나 우정을 파는 상점은 아무 데도 없어. 그래서 사람들은 더 이상 친구가 없는 거야. 네가 친구를 원한다면 나를 길들여줘……."

싫어하는 사람을 길들일 수는 없는 일이다. 당신이 가장 존경하고 배움을 줄 수 있는 사람이 있는 곳이나 서로 격려를 아끼지 않는 좋아하는 사람이 있는 곳으로 몸을 빼라. 그리고 그들과 함께 길들이기에 몰입하자. 그것이 서로 생산적인 관계를 유지하고 보다 창의적인 성과를 만들어내는 최선의 방법이다.

Skill of Life
좋아하는 사람과 함께하는 법

1. 커피 타임을 자주 하라

좋아하는 사람과는 커피 타임을 자주 해서 하루에 최소한 한 번 이상은 대화할 시간을 만드는 게 좋다. 함께 점심을 먹거나 헬스클럽을 다니는 것도 좋은 방법이다. 일단 친해지면 자연스럽게 이런 시간이 만들어진다. 그 후에는 의사소통이 자연스러워지고 활발해진다. 그러나 그 전까지는 커피, 점심, 취미활동 등을 통해서 의식적으로 함께하는 시간을 자주 가지려고 노력해야 한다.

2. 예의를 지켜라

친해질수록 예의를 지켜야 한다. 사람은 친해지면 부담감이 없어지고 자신의 입에서 나오는 말을 통제하려는 의식이 약해진다. 친하다는 것을 드러내기 위해 일부러 별명을 불러보기도 하고 반말을 하기도 하는데, 자칫 잘못하면 상대방에게 부담을 줄 수도 있다. 상대방의 자존심을 건드리지 않도록 말투와 행동, 특히 다른 사람과 함께 있을 때 기본적인 예절은 반드시 지켜야 한다. 오히려 다른 사람들과 함께 있을 때 그를 높이 받들어주어야 한다.

3. 상사에게 말하라

좋아하는 사람과 같이 일하기 위해서 팀장, 혹은 그러한 권한을 가진 사람에게 그와 함께 일하고 싶다는 것을 말해야 한다. 그리고 실제 그와 함께 일할 수 있도록 부서를 옮기거나 보직을 바꾸어야 한다. 마음이 맞지 않는 사람과 일하면서 잃어버리는 삶의 에너지를 생각한다면 빠를수록 좋다. 지금 즉시 당신의 의지를 상사에게 천명하라. 그와 함께하면 보다 높은 성과를 낼 수 있을 것 같다고.

좋아하는 사람과 함께하는 법
1. 커피 타임을 자주 하라
2. 예의를 지켜라
3. 상사에게 말하라

3

다른 사람의 행복을 시기하지 마라

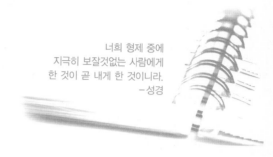

너희 형제 중에
지극히 보잘것없는 사람에게
한 것이 곧 내게 한 것이니라.
－성경

　사람들은 타인의 불행이나 재난을 통해 자신이 얼마나 행복한가를 측정하려는 경향이 있다. 그래서 사촌이 땅을 사면 배가 아프고 친구의 남편이 실직하면 나에게 그런 일이 일어나지 않은 것을 다행으로 여기며 가슴을 쓸어내린다.

　나의 위치는 가만히 고정시켜놓고 상대방을 추락시킴으로써 상대적인 상승감을 느끼고 싶어 한다. 상대방이 겪는 불행 속에 내가 속해 있지 않음을 천만다행으로 여기며 기뻐하는 것이다. 그 상대방이 평소에 자기 혹은 남편의 부나 사회적 지위를 강하게 자랑하고 다닌 경우 일종의 정의감과 복수의 쾌감까지도 느낀다.

　반면에 상대방이 이유 없는 상승을 경험하면 상대적으로 나의 지위는 하락함을 느낀다. 같이 대학을 다니고 같이 졸업했지만 공부도 자기보다 못하던 친구가 대기업에 취업을 하거나 의사, 변호사 같은 전문직 종사자들과 결혼이라도 하면 자신의 보잘것없는 모습에 참을 수 없는 분노를 느낀다. 자신을 인정하고 싶지 않은 것이다. 그다지 불행하지 않음에도 불구하고 마치 큰 행운이 자신을 비켜가고 불행이 닥쳐온 것 같은 이상한 감정에 휘말린다. 우리의 인격은 아직 완성되지 않았고 공사 중에 있는 것 같다.

남의 행복에 배 아파하고 남의 불행에 안도하며 기뻐하는 이유는 무엇일까?

그것은 나와 다른 사람을 비교하기 때문이다. 그리고 자신의 마음속에 행복의 기준이나 가치관이 결여되어 있기 때문이다. 자기만의 기준이 없을 때 우리가 취할 수 있는 가장 쉬운 방법은 외부에서 차용하는 것이다. 내 기준이 없으니 다른 사람의 모습에서 나와 비교해 행복의 정도를 판단하는 것이다.

현대 소비주의는 스스로의 기준을 만드는 것을 방해한다. 나는 언제 행복한가, 무엇을 하면서 살기 원하는가를 생각해보는 시간이 부족하고, 막상 이런 생각을 하려 할 때 돈이나 사회적 지위 같은 것들이 좋다고 인식하도록 강요한다. TV 광고는 좋은 도구가 된다. 덕분에 우리는 모두 물신주의(物神主義)에 빠지게 되었다.

내가 어릴 때 나이키 신발을 신은 아이는 유복한 학생으로 비춰졌고 그렇지 않은 아이들은 주눅 들어 지내야 했다. 우리는 자신도 모르게 그 아이를 부러워했고 삶의 기준으로 나이키 신발을 신어야 한다는 것을 마음속에 각인시키고 있었다. 인간의 평가기준을 성격이나 인품에 두지 않고 그가 가진 물질에 두려는 심각한 정신적 장애를 키운 것이다. 때문에 지금도 우리는 남이 가진 것으로 자신의 삶을 평가하려 한다.

남과 나를 비교하기 시작하면서 생기는 질투와 잘못된 가치 기준들을 버려야 한다. 당연히 그러기 위해서는 삶의 철학을 가지도록 노력해야 한다. 내가 사는 이유와 그 기준이 명확할 때 다른 사람의 불행을 안타까워하고 다른 사람의 행복을 같이 기뻐할 수 있다. 또 나의 기쁨과 슬픔도 자연스럽게 이야기하고 같이 나눌 진정한 친구를 얻게 된다.

여우가 길을 가다가 포도를 발견하고는 포도를 따먹기 위해 수십 번의 시도를 했다. 하지만 포도는 넝쿨 위쪽에 달려 있어서 여우의 노력에도 불구하고 따먹을 수 없었다. 할 수 없이 여우는 포도 따기를 포기하며 돌아섰다. 그리고는 이렇게 중얼거렸다.

"저건 분명히 신 포도일 거야."

집착하지 않는 사람은 자유롭다. 집착하지 않는 사람은 스스로의 기준을 가지고 있는 사람이다. 그가 소유한 자동차나 아파트가 아니라 자기 성장을 위한 노력과 상대방을 배려하는 품성, 그리고 세상을 균형 있게 바라보는 시각이야말로 사람을 판단하는 기준이 되어야 하며 또한 우리 자신의 정신적 기준으로 자리 잡아야 한다. 그런 순간 우리는 평가와 비교로부터 스스로를 자유롭게 할 수 있을 것이다.

Skill of Life
다른 사람의 행복을 시기하지 않는 마음

1. 돈은 위탁받은 것이다

우리가 가진 돈과 집과 재산들은 이 땅에 살면서 잠시 내가 맡아서 관리하고 있을 뿐 곧 돌려주어야만 할 물건들이다. 죽어서 저승에 가져갈 수 없는 게 재산이 아닌가. 그것은 내 것이 아니라 내가 잠시 사용하고 있을 뿐이다. 돈에 대한 소유욕을 버려야 진정한 행복을 찾을 수 있다.

2. 돈 이외의 행복에 대한 기준을 가져라

자기만의 행복의 기준을 가지는 것이 좋다. 특히 돈 이외의 가치에 대한 기준이 있어야 한다. 돈은 수단일 뿐 목적이 아니다. 수단을 자기 삶의 기준으로 생각하는 어리석음을 범해서는 안 된다. 문제는 진정한 목적은 눈에 보이지도 않고 수치로 계산되는 것도 아니라는 점이다. 오직 자신의 마음속에서만 진정한 목적물들을 확인해볼 수 있다. 자기만의 기준이 있을 때 다른 사람의 행복을 진심으로 축하할 수 있다.

3. 사람을 사랑하라

사람에 대한 애정을 가지도록 노력해야 한다. 감정의 문제를 시간만 가면 해결된다는 식으로 방기해서는 안 된다. 다른 사람을 애정으로 대하려는 시도를 반복함으로써만 정신적인 건강을 유지할 수 있다. 몸이 운동으로 단련되듯이 마음은 수행을 통해 단련된다. 이기적인 질투심이 마음을 지배하도록 내버려두어서는 안 된다. 수도승들이 수행을 중단하지 않는 것은 그 즉시 물심(物心)과 이기심들이 마음으로 몰려들기 때문이다.

다른 사람의 행복을 시기하지 않는 마음
1. 돈은 위탁받은 것이다
2. 돈 이외의 행복에 대한 기준을 가져라
3. 사람을 사랑하라

4

성과에 매달리지 말고 미래를 생각하라

> 허영은 미덕의 전부를
> 뒤집어엎지는 못해도
> 그 전부를 움직여놓는다.
> ─라 로슈푸코

　득어망전(得魚忘筌)이라는 말이 있다. 전(筌)이란 물고기를 잡는 통발 같은 것을 말한다. 물고기를 잡고 나면 고기를 잡을 때 사용한 통발을 잊어버린다는 말이다. 그것은 무슨 뜻일까? 눈앞에 있는 고기만 보고 통발로 그것을 잡았다는 사실을 잊어버리고 말아 정작 중요한 것을 소홀히 하게 됨을 말하는 것이다.

　하지만 물고기는 먹고 나면 사라지는 것이다. 통발이 있어야 고기를 계속해서 잡을 수 있다. 성과가 아니라 물고기를 잡을 수 있는 도구를 훌륭한 것으로 유지하는 것이 중요하다. 그래서 자신의 몸과 마음을 생산적으로 유지하고 능력을 발전시키는 것이 의미 있는 것이다.

지금 나는 웬만큼 이루어놓았으니 됐다고 생각하는 사람이 있을지도 모르겠다. 하지만 당신이 이룩해놓은 성과보다 당신이 무엇을 지향하고 있는가가 훨씬 중요하다. 잡아놓은 고기의 양보다 고기를 잡을 수 있는 능력이 미래의 풍요를 좌우하기 때문이다.

성과에 매몰되어서는 인생의 다양한 의미를 찾기 어렵다. 일의 성과나 성공은 사람을 그곳에 빠뜨릴 만큼 매력적이어서 그 빛 속에 갇혀 외부세계의 변화를 감지하지 못하도록 한다. 자신이 이룩해놓은 것들에 빠져버리는 순간, 인간은 지금 가진 것들을 지켜내기 위해 자신을 합리화하며 변화를 거부하면서 눈을 감고 마는 것이다.

축록자불견산 확금자불견인(逐鹿者不見山 攫金者不見人)이라고 했다. 사슴을 쫓는 자는 산을 보지 못하고, 돈을 움켜쥐는 자는 사람을 보지 못한다는 말이다. 눈앞에 있는 것에 현혹되면 정작 중요한 것을 보지 못하게 되듯이, 돈이나 실적과 같은 단기적인 성과에 집중하다 보면 자신의 미래를 더욱 빛나게 해줄 생산적인 자기창조는 뒤로 밀린다.

그리고 자신이 특정한 성과를 달성하고 나면 굉장한 일을 했다는 듯이 자랑하면서, 다른 사람들이 비슷한 일을 해냈을 때는 비아냥거리는 태도를 취한다. 부를 이루었거나 학문적 성취가 상당한 이를 보면서 사람들은 질투심에 빠져 이렇게 말하곤 한다.

"저 정도 돈을 모으려면 고생 엄청 했겠구만."

"그것 때문에 희생된 자기 청춘과 가족들의 생활은 오죽했을라구……."

좀더 심하게는 주위에 커피 한 잔 사지 않는 수전노로 비하하기도 한다. 그러나 막상 자신이 이룩해놓은 현재의 지위를 평가할 때에는 그동안 자신이 희생시켰던 문제들에 대해서는 전혀 생각해보지 않는다. 과장이나 부장이라는 지위에 오르기까지 가족들을 소외시키고 친구들과의 좋은 관계를 맺지 못해온 사실은 묻어버리려 하는 것이다.

성과에 의존해서 판단하면 다른 사람에 대해서는 질투심이, 자신에 대해서는 오만함이 싹튼다. 물론 이래서는 올바르게 판단할 수 없다.

사람에 대한 진정한 평가는 지금 당장 눈앞에서 이루어놓은 것이 아니라 그가 얼마나 생산적이며 창의적이냐에 달려 있다.

지향하는 바를 찾아야 한다. 이룩해놓은 것 말고 내가 하고 싶고 나아가야 할 방향을 글로 표현해보자. 물론 쉽지 않은 일이고 하루아침에 이루어지지 않는다. 그렇기 때문에 더욱 중요하고 한번 확고해진 자신의 지향은 큰 힘을 발휘한다. 세상이 변하는 바에 따라 생각의 방향도 달라지겠지만 그 지향하는 기본은 바뀌지 않고 우리를 언제나 든든히 받쳐줄 것이다.

자신을 과거의 업적이 아닌 미래의 지향점으로 파악하는 것, 그것이 끊임없이 움직이는 세상에서 자신의 또 다른 정체성을 확보하는 길이 될 것이다.

Skill of Life

성과에 눈멀지 않는 방법

1. 남의 탓으로 돌려라

성공의 원인이 자신의 능력이나 노력이 아니라 남들이 도와주었기 때문이라고 생각하는 것이다. 혹은 우연히 좋은 기회를 만나서 성공했다거나 재주가 좋았다고 생각하는 것이다. 그렇게 생각하면 자기 자신에 대한 자만심을 관리할 수 있다. 자기오만을 만드는 것은 우리 자신이다. 실패는 내 탓이지만 성공은 남의 탓으로 돌릴 수 있어야 한다.

2. 성과를 과정의 일부라고 생각하라

성과는 최종목표를 향해서 나아가는 우리 삶의 일부분일 뿐이다. 작은 성과를 얻고 마치 인생에서 모든 것을 성취한 것처럼 생각하는 과오를 범해서는 안 된다. 성과는 삶의 진정한 목표를 향해 나아가는 길에서 내가 어디쯤에 도달했는지를 확인해보는 하나의 수단일 뿐이다.

3. 삶의 진정성으로 돌아가라

우리 삶은 잘 먹고 잘사는 것만이 목적이 아니다. 의미 있게 사는 것이야말로 진정한 삶의 목적이다. 성과는 눈에 보이는 것이기 쉽고 그것은 경제적인 것과 관련될 가능성이 많다. 하지만 우리의 진정한 목적은 경제적 풍요가 아니라 목숨 걸고 추구하고 싶은 것을 달성하는 것이 아닌가. 어떤 성과를 달성하거든 그 열매를 먹으며 즐기려 하지 말고 자기 인생을 다시 한 번 돌아보는 계기로 삼아야 한다.

4. 멀리 보라

10년 혹은 20년 후의 자화상을 글로 적어놓도록 하자. 작은 일에 연연해하지 않고 욕심과 집착에서 벗어나 오직 자신만이 새로운 가치를 부여하며 넉넉한 마음으로 살아가는 자기 모습을 글로 표현해보는 것이다. 그리고 가끔 그런 모습을 리마인딩하면서 눈앞의 작은 성과들을 바라보자. 중요한 것이 무엇인지 발견할 수 있을 것이다.

성과에 눈멀지 않는 방법
1. 남의 탓으로 돌려라
2. 성과를 과정의 일부라고 생각하라
3. 삶의 진정성으로 돌아가라
4. 멀리 보라

5

다수의 강요를 따르지 마라

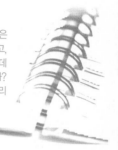

돈이 중요하다며 돈이야말로 우리 삶의 가장 중요한 요건이라고 생각하는 사람이 있다. 솔직히 밖으로 드러내지는 않지만 우리들 대부분은 마음속으로 돈이야말로 살아가는 데 가장 중요한 행복의 원천이라고 생각하고 있다고 봐야 한다. 이런 상황에서는 3만 원이면 충분하다든지, 저 상품은 10만 원의 가치가 안 되는 것이므로 너무 비싸다든지, 친하지도 않은데 부조금 낼 필요가 있느냐고 말하는 순간의 판단들이 모두 돈과 연결되어 있다.

만약 돈이 당신에게 특별한 가치의 기준이 되고 있다면 그 생각을 재고해보기 바란다. 돈이 행복을 가져다준다는 것은 우리가 그렇게 생각하고 있기 때문에 느끼는 관념덩어리에 불과하다. 돈이 좋은 친구를 만들어줄 수 있다고 느끼는 것은 우리가 돈을 그런 것으로 생각하고 있기 때문이다. 돈은 일생에 도움이 되지 않는 것이라고 생각하는 사람들은 <u>스스로 그렇게 결정했기</u> 때문이다.

지금 당신이 가진 돈에 대한 생각은 그냥 당신의 생각일 뿐이다. 혹은 돈은 중요한 것이라고 생각하는 다른 사람들과 우리 사회가 당신에게 강요한 생각일 뿐이다. 사회가 강요하는 생각을 그대로 받아들이는 것은 위험하다. 자신을 잃어버리고 전체 속에 개성을 상실한 채 흡수되어 흔적도 없이 오직 시간의 흐름에 따라 자신을 내맡기는 것과 다를 것이 없다. 자신을 잃어버리는 가장 좋은 방법은 다른 사람들, 특히 사회가 옳다고 주장하는 것들을 그대로 받아들이는 것이다.

많은 사람들이 돈이 행복을 가져다줄 것이고 만일 그렇지 못하다 할지라도 약간의 행복은 가져다줄 것이라는 환상을 가지고 산다. 그리고 그 돈을 모으기 위해 기를 쓰고 노력하고 자신의 현재를 희생하고 있다. 가끔 돈이 행복을 가져다주지 않을지도 모른다는 사실을 느끼기도 하지만 오히려 그것을 인정하는 것이 더 두렵다. 돈 이외에는 인생에서 추구해야 할 다른 무엇이 없기 때문이다. 그것을 들키기 싫어서 돈을 추구하고 다른 사람들에게도 그렇게 생각할 것을 강요한다. 돈이 없으면 가난한 것이고 가난한 것은 고통과 함께 부끄러움을 준다는 것을 강조한다. 그러나 그런 사람들은 자신의 부끄러움을 감추기 위해 다른 사람들에게 부끄러움을 강요하는 어리석은 사람들이다.

외부에서 강요하는 삶을 거부하고 자신의 삶을 찾아 평생을 독립적으로 살다간 헨리 데이비드 소로는 이렇게 말했다.

"나는 누군가에게 강요당하기 위해 이 세상에 태어난 것이 아니다. 나는 내 방식대로 숨을 쉬고 내 방식대로 살아갈 것이다. 누가 더 강한지는 두고 보자. 다수의 힘이 무엇인가? 그들은 내게 자신들과 똑같은 사람이 되라고 요구한다. 나는 참다운 인간이 군중의 강요를 받아 이런 식으로 또는 저런 식으로 살았다는 이야기를 들어본 적이 없다. 그런 식의 삶이 대체 어떤 삶이겠는가?"

돈 이외에도 인생에서 자신이 추구해야 할 가치들을 발견해야 한다. 돈이 중요하지 않다는 사실을 인정하고 자기가 원하는 인생을 살도록 노력해야 한다. 인생은 그런 무엇을 찾아가는 과정에 있는 의미들이 엮어내는 한 폭의 동양화와 같다. 우리 인생은 자신이 해야 할 일을 찾아가는 과정에서 얻어지는 의미 그 자체들의 모음들이다. 그리고 그것은 돈과는 무관하다.

여행에는 중요한 세 가지 요소가 있다.

첫 번째는 목적지이고, 두 번째는 여행을 갈 때의 기분이나 나의 마음가짐 같은 것이고, 세 번째는 같이 가는 사람이 누구냐 하는 것이다.

우리 인생 또한 여행이라고 한다. 당연히 인생에서도 여행의 세 가지 요소들을 생각해볼 필요가 있다.

자신이 가고자 하는 인생의 목적지는 어디이고, 출발할 때 마음은 어떠했으며, 누구를 선택해서 같이 갈 것인가를 생각하다 보면 인생이 자연히 깊어질 것이다. 목적지가 없는 인생은 무슨 준비물을 가지고 어떻게 살아가야 하는지에 대해서 아무런 대책이 없기 때문에 복잡하고 혼란스러운 인생이 될 것이다. 그것을 알기 때문에 많은 사람들은 다른 사람들이 가는 곳을 따라서 목적지를 정하게 된다. 남들이 가는 길을 따라가면서 자기는 자기만의 길을 가고 있다고 자랑하는 사람들은 정말로 길을 가기나 하는 것일까?

우리는 삶에서 세 가지 요소들을 생각하고 갖추기 위한 시간을 아끼지 말아야 한다. 그렇지 않으면 남들이 좋다고 하는 곳을 자기 삶의 목적지로 정하게 되고, 남들이 하는 행동과 말들을 유행이라는 이유로 따라 하면서 소중한 우리의 삶들을 허비하게 될 것이다. 다른 사람이 강요하는 삶을 살아서는 자기만의 풍요를 얻을 수 없는 법이다.

Skill of Life

다수의 강요를 극복하는 방법

1. 광고를 믿지 마라

광고를 믿어서는 안 된다. 광고는 본질적으로 허구다. 그것을 가지고 있지 않으면 마치 구석기 시대 사람 취급을 받을지도 모른다고 압력을 행사하는 도구에 불과하다. 필요하지도 않은 것을 필요하도록 느끼게 만드는 것이 광고의 목적이다. 나는 광고를 통해 창의성을 배울 뿐, 그 선전하는 상품에 대해서는 전혀 믿지 않는다. 광고를 믿으면 나의 욕구가 아닌 상품이 자극하는 욕구에 지배받는 꼭두각시가 된다.

2. 지금 가진 것들을 확인해보라

타고 다니던 자동차가 지겨워졌다. 남들이 추천하는 괜찮은 차의 사양을 살펴보면서 '그래, 이 정도는 돼야지' 라며 무릎을 쳤다. 집으로 돌아와 지금 타고 있는 차를 살펴보았다. 자동차의 크기만 다를 뿐 남들이 좋다는 차와 별반 다를 것이 없었다. 다른 점이라고 해봐야 대부분이 나에게는 쓸모없는 기능들뿐이었다. 나는 차를 바꾸겠다는 생각을 하지 않게 되었다. 지금 가진 것의 기능들을 확인해보라. 그것만으로도 충분할 것이다.

3. 나만의 목표를 갖자

다른 사람이 추구하는 목표가 아니라 자신만의 목표를 가져야 한다. 자신만의 목표는 자기가 지향하는 바를 알려준다. 지향한다는 것은 중요시한다는 말이고 생활의 방향을 그곳으로 잡고 있다는 의미다. 그래서 일단 목표를 정하고 나면 어떻게 하면 그것을 효과적으로 달성할 수 있을지는 자연스럽게 떠오를 것이다. 나만의 목표가 생기면 다른 사람들의 목표나 방법론에 현혹되지 않을 수 있다. 지금 당장 올바른 삶의 목표를 세우자.

다수의 강요를 극복하는 방법
1. 광고를 믿지 마라
2. 지금 가진 것들을 확인해보라
3. 나만의 목표를 갖자

6

부족함을 즐기며 중독을 거부하라

내가 있는 곳이 낙원이다.
－볼테르

이 세상 최초의 인간이 포도나무를 키우고 있었다. 그때 악마가 찾아와 "무엇을 하고 있느냐"고 물었다.

인간이 "지금 근사한 식물을 키우고 있다"고 말하자 악마는 이런 식물은 처음 보았다면서 놀라워했다. 그래서 인간은 이렇게 설명해주었다.

"이 식물에는 아주 달콤하고 맛있는 열매가 열리는데, 익은 다음 그 즙을 내어 마시면 아주 행복해진다네."

악마는 자기도 꼭 한몫 끼워달라고 애원하고는, 양과 사자와 원숭이와 돼지를 데리고 왔다. 그러자 악마는 이 짐승들을 죽여 그 피를 거름으로 썼다.

포도주는 이렇게 해서 세상에 처음 생겨났다고 한다.

그래서 술을 처음 마시기 시작할 때에는 양같이 온순하고, 조금 더 마시면 사자처럼 사나워지고, 조금 더 마시면 원숭이처럼 춤추거나 노래 부르며, 더 많이 마시면 토하고 뒹굴고 하여 돼지처럼 추해지니, 이것은 악마가 인간들에게 준 선물이기 때문이다.

모든 것은 지나치면 인성을 망치게 하는 법이다. 탈무드의 이야기는 술을 지나치게 마시지 말 것을 경고하고 있는 듯하다. 술자리를 마무리할 때까지 양처럼 순한 모습을 유지하는 것이 좋다. 이야기를 나눌 수 있는 분위기를 즐기는 편이 훨씬 더 술을 잘 마시는 태도일 것이다.

불행히도 우리는 술을 마셔서 취하는 것을 즐기려 한다. 오늘의 고통을 잠시 잊고 술의 힘을 빌려 자신의 마음을 부담 없는 상태로 만들어보는 것도 크게 나쁘지는 않을 테지만, 지나친 술은 오히려 다른 문제들을 양산하곤 한다. 일을 해결하려고 술을 마셨다가 오히려 더 큰 문제를 만들어내기도 한다.

돈은 우리가 사는 환경을 보다 쾌적하고 밝게 만들어준다. 화장실이 두세 개 딸린 큰 집에서는 아침마다 줄을 서며 기다리지 않아도 되고, 보다 넓은 집에서 보다 안락하게 쉬도록 해준다. 아이들은 자기 방과 침대를 가지고 좋아하는 음악을 들으면서 잠들 수 있으며 예쁜 강아지를 키우며 감정도 길러진다.

게다가 돈은 좋은 옷과 큰 자동차를 주고 견디기 힘든 노동의 고통으로부터 자유까지 제공한다. 어떤 사람은 프레스에 손가락이 잘려나가는 위험을 무릅쓰고 출근하는 반면 어떤 사람은 남자인데도 귀부인처럼 고운 손으로 신문 속 주식정보를 들여다보며 일상을 보내기도 한다. 돈은 행복의 가능성을 높여준다.

외식이 가능한 가족은 맛있는 저녁식사를 통해 즐거운 대화를 나눌 기회를 얻는다. 해외여행은 부부가 새로운 문화를 배우고 사랑을 확인하며 삶의 의미를 재발견할 기회를 제공한다. 고액 과외는 괜찮은 시험정보를 더 많이 제공해줄 것이다.

그러나 그것은 단지 기회일 뿐이다.

기회일 뿐이기 때문에 그 기회를 잘 이용하지 못하면 오히려 역효과를 낳기 쉽다. 매일 외식을 하는 가정이 있다고 하자. 가족간에 대화가 부족하고 서로 아끼고 존중하는 마음이 없다면 외식시간이 침묵의 시간이 될 것이고 서로 소외의식만 확인하게 될지도 모른다. 여행을 자주 하지만 여행을 통해 자신의 배우자가 제공해주지 못한 것들만 배우고서는 불만만 품고 돌아오게 될지도 모른다. 고액 과외에서 얻은 정보는 노력보다 게으름의 의미를 더 크게 가르쳐줄 것이다.

결국 문제는 의식적으로 기회를 이용하려는 사람의 마음가짐에 있다. 돈이 흘러넘칠 때보다는 약간 부족하다고 느낄 때 인간의 마음은 의식적으로 통제될 가능성이 높다. 생활고를 위해 같이 노동해야 하는 부부들은 목표를 공유하면서 협력할 가능성이 높으며 그만큼 애정도 깊어진다. 반면 충분한 돈이 보장되면 공동의 목적보다는 개인적인 목적이 앞서게 된다. 어느 통계에 의하면 복권에

당첨된 사람들의 절반 이상이 가정불화로 인해 파경을 맞이하고 결국 돈도 모두 잃게 된다고 한다.

부족한 돈을 아끼며 사용해본 아이들은 정보와 친구들의 소중함을 발견할 것이지만 10만 원짜리 수표를 사용하는 아이들에게는 사랑의 소중함, 가족의 의미 같은 것들이 수표에 의해 눈가림당할 것이다.

어머니는 "약간 부족한 상태가 가장 좋은 상태"라는 말씀을 자주 하셨다. 지갑에 만 원짜리 하나가 들어 있지만, 어떤 사람들은 만 원밖에 없다고 한숨을 쉬고 어떤 사람들은 만 원이나 있다며 기뻐한다. 부족함을 즐길 수 있는 사람은 인생을 보다 긍정적이고 가치 있게 살 수 있는 사람들이다.

오늘 하루는 중독되지 말고 약간 부족한 상태의 아쉬움을 즐겨보도록 하자.

Skill of Life
부족해도 풍요로울 수 있는 방법

1. 양보다 질을 생각하라

우리는 눈에 보이는 것의 자극에 익숙하기 때문에 질적인 문제를 양으로 환산하는 경향이 있다. 상대방의 인생이 얼마나 훌륭한 것인가를 판단할 때에도 큰 집이나 배기량 높은 자동차를 기준으로 한다. 인생의 가치는 양적인 문제가 아니라 질적인 문제이다. 마음속의 풍요로움이야말로 인생의 진정한 질적 수준 아니던가.

2. 가치 있는 곳에 사용하라

인생을 풍요롭게 만드는 방법 중 하나는 가장 가치 있다고 생각되는 곳에 자신이 가진 것을 사용하는 것이다. 예를 들어 하루에 사용할 수 있는 돈이 만 원이라면, 그것을 가장 가치 있는 곳에 사용하고 나면 인생의 보람을 느낄 수 있다. 마찬가지로 가장 가치 있다고 생각되는 곳에 시간과 열정과 노력을 사용할 때 우리는 비로소 풍요로 가득 찰 수 있다.

3. 비교당하지 마라

사람들은 자기가 남들보다 가진 것이 많을 때 행복을 느낀다. 이런 이유로 많은 사람들이 자기가 가진 것과 당신을 비교하려 들 것이다. 그 순간 당신은 당당하게 거부해야 한다. 혹은 그것은 부질없는 것이라며 무시할 수 있어야 한다. 삶의 풍요는 자신이 생각하는 방식에 따라 좌우된다. 절대 당신의 인생을 남이 비교 평가하도록 내버려두지 마라.

4. 자기만의 특별함을 찾아보라

책에 관해서는 나는 다른 어떤 사람과 비교할 수 없는 자부심과 노하우를 가지고 있다. 책은 나에게 특별한 무엇이고 어떤 가치를 준다. 때문에 다른 사람들이 명예와 지위, 권력 같은 것으로 자신을 치켜세우고 나의 부족함을 강조하려 해도 책이 그것을 든든하게 막아준다. 자기만의 특별함이 있는 사람은 다른 부분이 부족해도 전체적으로 풍요로울 수 있다.

부족해도 풍요로울 수 있는 방법
1. 양보다 질을 생각하라
2. 가치 있는 곳에 사용하라
3. 비교당하지 마라
4. 자기만의 특별함을 찾아보라

7

충고하지 마라

인간은 타인을 칭찬함으로써
자기가 낮아지는 것이 아니다.
오히려 자기를 상대방과
같은 위치에 놓는 것이 된다.
-괴테

"현명한 사람은 (   )를 필요로 하지 않는다. 그리고 바보들은 (   )를 받으려 하지 않는다."

벤자민 프랭클린의 말이다. 괄호 속에 들어갈 수 있는 말은 무엇일까?

정답은 '충고'다. 이 말의 진정한 뜻을 이해하기 위해서는 수십 번 읽으면서 뜻을 음미해보아야 한다. 지금부터 열 번만 읽어보고 나서 아래 글을 읽기 바란다.

현명한 사람은 충고를 필요로 하지 않는다. 왜 그럴까? 현명하기 때문이다. 현명한 사람은 이미 현명하기 때문에 충고가 필요 없다. 반대로 바보들은 다른 사람들의 충고를 받으려 하지 않는다.

뒤집어서 말하면 충고를 받으려고 하지 않기 때문에 바보가 된다.

결론은 모든 사람들에게 충고란 필요 없다는 것이다.

그렇다면 다른 사람에게 충고를 해주고 싶을 때 우리는 어떻게 해야 할까? 충고 대신 질문을 해보도록 하자. 상대방에게 혹은 자신에게 질문을 던져봄으로써 충고보다 훨씬 값진 결과를 얻을 수 있다.

상대방에게 충고하는 대신 질문을 하면 상대방은 생각을 하게 된다. 질문에 대한 답을 하기 위해 열심히 머리를 굴려서 생각을 하는 것이다. 생각하면서 스스로 마음을 정리하고 자기를 설득하는 것이다. 결국 그는 결론을 내릴 것이다. 그 결론이 어떻든 그는 자신이 내린 결론이기 때문에 다른 사람을 비난하지 않을 것이다. 이렇게 우리는 질문을 함으로써 상대방의 마음을 움직일 수 있다.

질문은 자기 자신에게도 던져보아야 한다. 지금 상대방에게 충고하는 것이 과연 소용이 있을 것인지. 이런 경우 답은 명백하다. 아무 소용이 없다는 것이다. 상대방은 내 말이 아무리 옳더라고 결코 수용하지 않을 것이다. 사람들은 이미 충고가 소용없다는 사실을 알고 있지만 자기 능력을 자랑하기 위해 혹은 자신의 심정이 너무나 절박하기 때문에 금방 잊어버리고는 또다시 자신의 뜻을 강요하게 된다.

우리 엄마는 목사다.

목사님처럼

교회에서 설교를 잘해서 목사가 아니라

잔소리가 많아서 목사다.

내가 어쩌다가 한 번 잘못하면

우리 엄마는 그것을 말하고, 말하고 또 말한다.

그것도 모자라서 아빠가 돌아오면

꼭 일러바친다.

우리 엄마는 내가 잘못했을 때

한 번만 이야기 했으면 좋겠다.

어느 초등학생이 쓴 글이다. 어른들은 아이에게 했던 이야기를 여러 번 반복함으로써 마음의 상처를 준다. 그 말들은 다름 아닌 충고들이다. "너는 그렇게 하면 안 돼." "이렇게 해야지." 등의 충고를 함으로써 우리는 아이의 마음에 생채기를 만든다. 하지만 그 때마다 충고는 아무런 소용이 없다. 오직 저항감만을 낳을 뿐이다.

충고 때문에 생기는 심리적인 저항감은 반발심을 불러와서 논쟁을 하게 만든다. 논쟁이란 자신의 주장이 옳다는 것을 입증하기 위해 싸우는 일이다. TV 토론 프로그램을 보면 마치 '전쟁'을 하는 것 같다. 이미 결론을 내려놓고 그것을 입증할 자료와 증거들을 모두 끌어 모아서 상대방에게 총을 쏘듯 준비한 것들을 쭉 늘어놓는다. 이래도 네 생각을 고집할 테냐! 하지만 상대방 역시 지지 않는다. 총을 맞고는 다시 대포를 준비한다. 논쟁은 끝을 모른다.

논쟁에서 이기건 지건 상관없이 논쟁은 당신에게 큰 아픔만을 남길 것이다. 만약 당신이 논쟁에서 이겼다면 상대방은 진 것이다. 진 상대방은 그가 고통받은 만큼 당신에게 돌려주기 위해 또 다른 칼을 갈며 복수의 날을 기다릴 것이다. 만약 당신이 논쟁에서 졌다면 당신 또한 자존심에 상처를 입고 상대를 저주하며 마음의 평화를 깨뜨리고 고통에 젖어서 지내야 할 것이다. 따라서 논쟁은 무익하다.

이런 이유들 때문에, 유명한 인간관계의 권위자인 데일 카네기는 오랫동안 논쟁에 대해 연구한 결과 다음과 같이 말했다.

"논쟁은 피하라."

논쟁은 전쟁과 같다. 승자든 패자든 서로에게 고통만을 남긴다. 논쟁에는 전리품마저 없다. 싸움에서 승리하여 얻은 전리품들은 곧 고통의 증거가 될 것이다.

언젠가 23명의 여성에게 똑같은 사기를 쳐서 저금통장을 빼앗은 유명한 결혼 사기범의 기사를 읽은 적이 있다. 그는 어떻게 23명의 여성에게 똑같은 사기를 칠 수 있었느냐는 경찰관의 취조에 이렇게 말했다고 한다.

"힘든 일은 없었습니다. 단지 내 이야기가 아니라 그 여자들에 관한 좋은 이야기만 하면 되었으니까요."

Skill of Life

충고 대신 할 수 있는 것들

1. 나의 피해에 대해서 생각하라

상대방이 나에게 실수를 하거나 잘못을 했을 때, 충고하기 전에 내가 입은 피해에 대해서 생각해보자. 아마도 너무나 사소해서 남들에게 말조차 꺼내기 힘들 것이다. 상대방에게 충고하기 위해 끼어드는 이유의 대부분은 내가 손해를 보았기 때문이 아니라 상대방이 자신의 분수에 맞지 않게 큰 성공을 하는 것처럼 보일 때일 가능성이 많다. 나에게 피해를 주지 않은 사람에게 비난하거나 충고를 할 이유는 없다.

2. 칭찬하라

칭찬은 고래도 춤추게 한다고 했다. 칭찬을 받은 사람은 자기에 대해 긍정적으로 생각하게 될 뿐만 아니라 자신을 칭찬해준 사람을 좋은 사람으로 기억하는 법이다. 충고 대신 칭찬을 하면 '적' 대신 '친구'를 얻게 될 것이다.

3. 정보를 주라

충고 대신 정보를 주어야 한다. 사람은 모두 눈치라는 것이 있다.

정보를 얻으면 어떤 것이 중요하고 어떤 것은 덜 중요한지, 내가 잘한 것인지 잘못한 것인지를 깨닫게 된다. 사람은 스스로 결정한 것에 대해 쉽게 승복한다.

4. 질문하라

지금 당장 어떤 조치를 취하지 않으면 상대방이 큰 실수를 할 가능성이 있는 경우, 어쩔 수 없이 그에게 조언을 해줄 수밖에 없다. 이때에도 충고는 금물이다. 충고 대신 질문을 하도록 하자. "이렇게 처리했을 경우 어떤 결과가 생길까요?" "그것보다 좀더 효과적인 방법은 없을까요?" 가르쳐주는 것이 아니라 스스로 생각할 기회를 주는 것이다. 아마도 그는 금방 괜찮은 답을 찾아낼 것이다.

충고 대신 할 수 있는 것들
1. 나의 피해에 대해서 생각하라
2. 칭찬하라
3. 정보를 주라
4. 질문하라

8

남들과 다른 방식으로 일하라

폭이 좁은 스커트처럼
편견은 발전의 계단을
잘 오르지 못하게 만드는 것이다.
–칼 킴비

사람들은 "하시는 일은 무엇입니까?"라는 질문에 이렇게 답한다.

"ㅇㅇ은행에서 근무합니다."

"ㅇㅇ마트에서 일하는 ㅇㅇㅇ입니다."

"시청에서 일합니다."

소개하는 방법이 너무 추상적이고 자신이 어떤 일을 하고 있는지 밝히지 못한다. 일을 추상적인 어떤 것으로 생각하고 있기 때문이다. 자신의 일을 구체적이고 전문적인 것으로 생각하고 있지 않기 때문에 구체적으로 설명할 수가 없다. 자기 일에 대한 프라이드도 없고 자신을 드러내는 과감함도 보이질 않는다.

많은 사람들을 만나면서, 남들과 다르게 행동하고 다른 결과를 얻는 사람들은 자신을 소개하는 방법도 구체적이라는 사실을 발견하게 되었다. 그들은 직장이 아니라 직업을, 회사가 아니라 자신의 이름을 소개하곤 했다.

"저는 교육기획가로 활동하고 있는 홍길동입니다."

우리는 선택의 기로에 섰을 때 다른 사람들이 선택하는 방식을 따라가는 경향이 있다. 그런데 다른 사람을 따라가며 사는 인생은 재미도 없거니와 성공할 확률도 적다. 많은 사람들이 하는 것은 경쟁률이 높기 때문이다.

사오정은 우중충한 집안 분위기를 바꿔볼 양으로 도배를 새로 하기로 결심했다. 그런데 벽지를 얼마나 사야 할지 감이 잡히지 않았다. 고민한 끝에 옆 아파트의 평수가 비슷한 집에 살고 있는 저팔계에게 물어보기로 했다.

"팔계야, 저번에 도배할 때 벽지 몇 개나 샀니?"

"응, 그때 열두 롤을 샀어."

사오정은 저팔계의 말을 믿고 벽지 열두 롤을 사서 도배를 시작했다. 그런데 다 하고 나니 벽지 두 롤이 남는 것이었다. 사오정은 저팔계에게 가서 따지듯이 물었다.

"야, 벽지가 두 롤이 남잖아!"

그러자, 저팔계는 이렇게 대답했다.

"응, 나도 그랬어."

우리는 남들이 하기 때문에 따라서 하는 방식에 익숙하다. 무엇을 어떻게 해야 할지 모르는 상황에서는 다른 사람들의 이야기에 귀가 솔깃할 수밖에 없기 때문이다. 그러나 그 일에 대한 결과는 다른 사람들보다 비슷하거나 못한 수준일 뿐이다. 일하는 방법이 같으니 결과 또한 달라질 것이 없다.

아직도 많은 사람들이 주위 사람들과 사회에서 하는 말들을 자신의 생각이라고 여기며 어리석은 행동을 반복한다. 그러면서 자신은 스스로 생각하면서 살고 있다고 믿고 있다. 과연 남들과 똑같이 생각하면서 자기만의 생각을 가졌다고 할 수 있을까?

그런 의미에서 일의 선택기준으로 돈을 우선시하는 것은 위험하다. 지금 돈이 되는 일에는 수많은 사람들이 몰리니 경쟁률이 높아지고 자연히 실패할 가능성이 커진다. 돈을 버는 좋은 방법은 남을 따라서 하지 않는 것이다. 남들과 다른 일을 하고 독특하게 하다 보면 결과가 눈에 보이는 법이다. 모든 사업에서 가장 먼저 시작한 사람들은 유리하게 마련이다. 경쟁자가 없으니 독점과 마찬가지다. 먼저 시작한 사람들은 다른 사람들이 자신을 따라 하기 시작할 때 이미 다른 일을 구상하고 있다.

내가 아는 어떤 성공한 사업가는 이렇게 말했다.

"경쟁자가 생기기 시작하면 귀찮아서 안 돼. 빨리 다른 거 하는 게 맘도 편하고 돈도 쉽게 벌리거든."

코끼리를 훈련시킬 때 처음에는 굵은 밧줄로 묶어놓아야 한다. 하지만 시간이 지나면서 코끼리가 그 줄을 끊을 수 없다고 확신하게 되면서 굵은 밧줄 대신 새끼줄로 묶어놓아도 코끼리는 줄을 끊을 생각을 하지 않는다. 이미 불가능한 것이라고 포기했기 때문이다. 당신의 주위에 모여 있는 사람들은 잘 훈련된 코끼리에 불과하다. "내가 그거 해봤는데 안 돼!"라고 말하고 있지 않은가! 그들의 말을 들어야 할 이유는 없다.

《학문의 즐거움》의 저자인 히로나카 헤이스케는 "창조하는 인생이 최고의 인생"이라고 했다. 창조하는 삶은 자기 속에 잠재되어 있는 재능과 자질을 발견해내는 기쁨과 자신을 더욱 깊이 이해하면서 새로운 것에 도전할 때만 얻을 수 있는 성취감을 가져다준다. 창조하는 삶이란 주도적인 삶의 다른 이름이다. 최고의 인생은 스스로의 인생을 창조하는 주도성을 갖추어야만 얻을 수 있는 선물인 것이다.

우리는 다른 사람들과 똑같은 삶을 살기 위해 태어난 것이 아니다. 남들과 다른 것에 내가 있고 생산적인 힘이 숨어 있다.

Skill of Life
남들과 다른 방식으로 보는 방법

1. 무조건 '아니오'라고 대답해놓고 본다

'아니오' 라고 대답하고 나면 왜 아닌지에 대해서 설명하고 생각해야 한다. 세상에 이유가 없는 대답은 없는 법이다. 이유를 찾다 보면 자연스럽게 다른 사람이 발견하지 못했던 것을 찾아낼 수 있다. 반대로 말하면 우리가 '예' 라고 대답하는 것에 익숙하기 때문에 다른 사람들과 비슷하게 생각하는 것이다.

2. 일이나 말의 순서를 뒤집어서 생각해본다

예를 들어서 '제비가 낮게 날면 비가 온다' 는 말을 '비가 오려고 하면 제비가 낮게 난다' 로 바꾸어보는 것이다. 비가 오기 전에는 날씨가 습해진다. 자연히 지렁이 같은 먹이들이 땅 위로 기어 나오게 마련인데 제비는 그 사실을 알고 있는 것이다. '제비가 낮게 날면 비가 온다' 는 말은 경험론적인 것이다. 사실은 '비가 오려고 하면 제비가 낮게 난다' 는 말이 더 정확한 표현이다.

3. 다른 사람을 웃기도록 노력해본다

남들을 웃기기 위해서는 상당한 창의력이 필요하다. 이런 의식적인 노력으로 창의성이 발달하고 기존의 것과는 다른 시각들을 갖게 된다.

별명이 '아파치'인 친구가 있다. 아파치는 인디언 종족이 아닌가. 친구들과의 대화에서 언어유희를 즐기는 것으로 정평이 나 있었는데, 어느 날 하도 말장난을 걸길래, "야, 아파치. 제발 말꼬리 잡고 늘어지지 마"라고 했더니 그가 이렇게 말했다.

"어허~, 말꼬리 잡고 늘어지는 건 내가 어릴 때부터 수없이 말에서 떨어지면서 연습한 건데, 이건 우리 부족의 특기이자 나의 장기야. 이걸 못하게 하면 안 되지."

남들과 다른 방식으로 보는 방법
1. 무조건 '아니오'라고 대답해놓고 본다
2. 일이나 말의 순서를 뒤집어서 생각해본다
3. 다른 사람을 웃기도록 노력해본다

9

자신이 잘하는 일을 찾아라

40세가 되면
자기 얼굴에 책임을 져야 한다.
-링컨

　보통 사람들은 일이란 적을수록 좋고 쉬는 시간은 길수록 좋다고 생각한다. 그리고 일을 하지 않고도 편히 살 수 있는 인생이야말로 행복한 인생이라고 믿곤 한다.

　그러나 실제 인생이 재미있고 희망차다고 말하는 사람들이 일을 바라보는 방식은 보통사람들의 그것과는 사뭇 다르다. 그들은 일이야말로 자신에게 삶의 낙을 주고 스스로를 발전시키도록 자극하며 오히려 아무 일 없이 무료하게 있는 시간이 참기 어렵다고 한다. 일은 세상이라는 여행지에서 우리가 다음의 목적지를 향해 발걸음을 떼도록 하는 이유를 제공해준다고 믿는 것이다. 또한 그들은 실제로 그러한 경험을 몸으로 직접 체험하고 있다.

　그럼에도 불구하고 평균적인 사람들이 일에 대해 거부감을 느끼는 이유는 무엇일까?

그 이유야 다양하겠지만 자신이 일한 결과를 확인하기 어렵기 때문이 아닐까 싶다. 분업화된 구조에서는 자기 노동의 결과가 일한 사람에게 직접 되돌아오지 않고 단지, 추상적인 임금과 같이 총액으로 돌아온다. 예전의 도공이나 목수들은 자신이 일한 결과를 눈으로 직접 확인할 수 있었다. 그들이 만들어낸 그릇과 집의 질적인 수준을 정확하고도 빠르게 확인할 수 있었다. 때문에 그들은 자신이 얼마만큼의 노력을 들여 어떤 결과를 얻었는지를 확인함으로써 자신의 일의 수준을 가늠할 수 있었다. 장인정신이란 자기가 만들었다는 주인의식에서 출발하는 것이다.

나는 손재주가 괜찮은 편이다. 어느 세미나에서 자신의 특징을 설명할 만한 단어 하나를 말하라기에 아주 쉽게 '손재주' 라고 말한 적도 있다. 시골에서 자랐기에 팽이치기, 연날리기, 활쏘기, 자치기 같은 놀이들이 내가 할 수 있는 최고의 놀이였다. 초등학교 3학년 때쯤에는 다른 아이들의 팽이와 활을 수없이 만들어주었다. 뭐든 만드는 것은 내 몫이었고 나는 내 솜씨에 자부심을 느꼈다. 다른 아이들이 내가 만든 팽이를 가지고 노는 것을 보고 나는 기뻐했다.

요즘의 직장인들은 자기가 만든 상품의 질적인 수준을 알 수 없다. 상품을 눈으로 보는 것 대신 얼마간의 돈을 지급받게 된 것이다. 25일만 되면 월급이 나오니 자신의 기술수준을 불량품이 나오지 않는 정도만 유지시키면 된다고 느끼게 되었다.

요즘의 아이들은 내가 어린 시절에 유행했던 놀이들을 하지도 않지만 놀이도구를 직접 만들지도 않는다. 축구공, 요요, 게임 프로그램, 카드놀이에 필요한 도구들은 모두 문구점에 가서 사면 된다. 자기 재능을 확인할 기회가 없어지고 돈만 있으면 모든 것이 해결된다. 자신이 무엇을 잘하는지 방금 한 나의 행동이 잘된 것인지 그렇지 않은 것인지 확인할 수 있는 방법이 사라졌다.

이런 이유들 때문에 우리는 노력하면 좀더 좋은 결과를 낳게 되리라는 점을 이해하지 못하고 있다. 매장에서 고객을 응대하는 일만 해도 감정노동이라는 성격 때문에 결과가 확연히 드러나지 않는다. 직원이야 응대를 잘하든 못하든 고객은 자기 목적만 달성하고 돌아가버린다고 느껴진다. 자기 일의 결과물이 보이지 않으니 질적인 수준을 알 수 없다.

한번의 선택으로 가슴을 뛰게 만드는 직업을 구할 수 있다는 것은 과학자가 되는 게 꿈인 초등학생들이 쓴 독후감에나 어울리는 생각이다. 꿈이나 취향은 변하게 마련이며 막상 어떤 일에 직면하면 내 재능의 한계에 부딪혀 꿈마저 바뀌는 경우도 있다. 다양한 일을 경험해봄으로써 자신의 역량과 가능성, 취향을 확인해볼 수 있고 점점 자기에게 맞는 일을 찾아갈 가능성은 높아진다. 그러나 문제는 성급한 이직은 전혀 도움이 되지 못한다는 사실이다.

충분한 몰입과 인내 후 그 결과를 확인해야 한다. 그렇지 않으면 몇 시간 일하고는 이 일은 나에게 맞지 않는다며 성급하게 결론 내리는 것과 별반 다를 것이 없다. 수박 겉핥기 같은 태도에 우리의 눈과 감각은 둔해지고 세상을 바라보는 시각도 근시안적으로 변한다.

반대로 한 번의 직업선택으로 천직을 발견하기도 한다. 발견했다기보다는 몰입하다 보니 성과가 생기고 성과가 있으니 자연스럽게 좋아진 것이다. 성과가 높으면 좋아지게 되어 있다.

나에게는 같은 목적의 일을 하는 동료들이 10여 명 있다. 나는 그들에게 강한 동료애를 느끼며 같이 무엇인가를 달성하기 위해 노력한다. 미래를 구상하고 비전을 제시하고 격려한다. 일상적인 업무와 달리 그들과 함께하는 일들은 분명 의미 있게 느껴진다. 그 이유를 최근에야 알게 되었는데 그것은 모두가 '원하는' 일을 '같이' 하고 있기 때문이었다.

가슴을 두근거리게 하는 일을 찾기 위한 노력과 현재의 일을 가슴 두근거리게 만들려는 노력은 병행되어야 한다. 그렇지 않으면 세상의 아웃사이더로 이런 저런 직업들만 전전하다 시간을 허비하거나 비참한 일들을 참고 견디며 고달픈 인생을 살게 될 것이다. 그 과정에서 진정으로 자신이 성과를 낼 수 있도록 격려하는 동료를 만날 수 있다면 커다란 행운일 것이다. 분명한 것은 그런 동료를 만날 수 있는 곳은 내가 실력을 발휘할 수 있는 나만의 고유한 영역이라는 점이다.

Skill of Life

자신이 잘하는 일을 찾는 방법

1. 여러 가지를 해본다

대학생들을 만날 때, 될 수 있으면 많은 경험을 해보라는 권유를 자주 한다. 아르바이트를 많이 해본 사람은 자기에게 맞는 일이 무엇인지 발견할 가능성이 많아진다. 상상이나 예측을 통해서 알아보는 것보다는 직접 해보는 방법이 가장 확실하고 정확하다. 단, 많은 일들을 경험할 때 유의해야 할 점은 돈을 위해서 일하지 말라는 것이다. 돈을 위해서 일하다 보면 자신이 잘하는 일인지 아닌지에 대한 판단이 곤란해진다.

2. 인내심이 필요하다

우리는 너무 쉽게 포기하는 경향이 있다. 특히 요즘의 젊은이들은 인스턴트 식품이나 모바일 게임 같은 것에 익숙해 있기 때문에 기다림이나 인내심에 대해서는 초보자들이다. 일에서 재미를 발견하기 위해서는 그 일을 잘할 수 있을 때까지 기다려야 한다. 어떤 일을 잘하게 되면 그 일이 좋아지는 것이 일반적인 사람의 특성이다. 그러나 익숙해졌는데도 그 일이 고역이라면 그것은 자신과 맞지 않는 일이다. 그때 다른 것을 찾아도 늦지 않다.

3. 주위의 자극제들을 활용하라

처음부터 자신에게 맞는 일을 쉽게 찾는 사람은 드물다. 게다가 사람들은 누구나 일하기보다는 노는 것을 좋아한다. 그래서 룸펜들이 생기는 것이다. 룸펜들의 문제는 자극제가 없거나 그나마 있는 자극제들을 활용하지 못한다는 점이다. 혼자 하기 싫으면 친한 친구들과 같이 아르바이트를 해보거나 선배들이 있는 회사에 인턴사원으로라도 들어가라. 자신을 발전적인 방향으로 이끌고 가는 사람들을 자주 만나면 이런 기회들은 자주 생기게 마련이다.

자신이 잘하는 일을 찾는 방법
1. 여러 가지를 해본다
2. 인내심이 필요하다
3. 주위의 자극제들을 활용하라

10

의존하지 말고
독립하라

사람들은 타인 속에서
자기 자신을 사랑하기도 하고
미워하기도 한다.
─리히텐베르그

    노예는 노예문서가 없어졌다고 해서 사라지는 것이 아니다. 사람 위에 사람이 있던 시대는 사라졌다지만 아직 우리 사회에는 정신적 노예들이 있다.

    요즘의 아이들은 스무 살이 넘어서도 부모님들에게 기대며 산다. 심지어 취업을 한 후에도 한참 동안 부모님의 그늘에서 뜨거운 햇빛을 피하면서 살아가기도 한다. 그 증거는 주로 돈이다. 대학을 부모님이 대주는 학비로 다니는 것이야 그렇다 치고 자기 용돈과 술값까지도 부모들에게 손을 벌린다. 어느 통계를 보니 지방에서 서울에 있는 대학에 보낸 아이들에게 올려 보내는 돈이 한달에 150만 원 이상 된다고 한다. 대학을 졸업해서도 취업하기 어렵다는 이유로 부모에게 손을 벌린다. 아니 손을 벌리지 않아도 부모들이 알아서 해결해준다. 취업한 후에는 어떠한가? 원룸과 오피스텔 임차비용부터 결혼할 때까지의 비용이 부모들 몫이고 그들이 받은 월급은 고스란히 자기들의 유흥과 배를 살찌우는 곳에 사용된다. 이렇게 성장해서 결혼한 성인들의 삶이 어떨지는 바로 우리 자신을 보면 알 수 있을 것이다.

한마디로 요즘 아이들은 독립성이 없다. 아무리 부모에게 받는 것이더라도 스무 살이 넘어서도 받는 돈은 일종의 '의존'에 가깝다. 부모에게 의존하면서 자란 아이들은 습관적으로 다른 사람에게 기대는 것이 몸에 배게 된다. '어떻게 되겠지'라는 생각만으로 현실을 뛰어넘을 구체적인 고민들을 하지 않는다.

다른 사람의 도움을 받는다는 것은 스스로를 나약하게 만들 뿐 아니라 인생에 있어 중요한 자신에 대한 믿음을 약하게 만든다. 때문에 인내심도 없어지고 배려심도 사라진다. 남에게 받기만 했지 베풀어보지 못했기 때문이다. 독립성이야말로 우리들이 반드시 가져야 할 오늘날의 기본 품성이다.

한강변의 멋진 경관이 보이는 최신식 아파트에 사는 주부들이 다른 지역 주부들보다 우울증 환자 비율이 높다는 통계가 있다. 한강변의 멋진 경치를 보면서 세상은 이렇게 아름다운데 나는 왜 그 세계의 일부분이 아닐까를 고민하게 된다. 자기 주체성이 없으면 좋은 경관과 주거환경도 세상과 자신을 분리해서 사고해버릴 계기를 주는 것에 불과하다. 돈이나 그 밖의 물질들이 행복과 궁정적인 관계를 맺기 위해서는 우리가 그것들로부터 독립되어 있어야만 한다.

부부관계에서도 독립성은 반드시 필요하다. 독립성 없는 관계는 의존이고 합병이다. 아내, 남편 모두 상호 독립성을 갖추어야 한다. 경제적인 부분을 말하는 게 아니다. 그것이 의존과 독립을 구분하는 가장 기초적인 것이기는 하지만 경제 외적인 부분의 독립도 충분히 가능하고 가치 있다. 남편은 돈을 벌고 아내는 가사를 돌보는 전통적인 부부관계에서도 독립적인 관계 형성은 가능하다. 문제는 아내도 직업을 가져야 한다는 것이 아니라 남편 아내 모두 자기만의 영역이 있어야 한다는 말이다.

오래된 불교의 경전 《수타니파타》에 나오는 구절을 들어보자.

"소리에 놀라지 않는 사자와 같이, 그물에 걸리지 않는 바람과 같이, 흙탕물에 더럽히지 않는 연꽃과 같이, 무소의 뿔처럼 혼자서 가라."

독립성이 결여된 관계는 오래 지탱되지 못한다. 한쪽에 이끌려 다니는 관계는 영혼을 빈곤하게 만든다. 이런 관계에서는 집안이 부유하거나 가족이 많다거나 하는 게 아무런 의미가 없다. 남에게 의존하거나 우연한 행운을 바라지 않고 독립성이 높은 개인들로 구성된 조직은 성장하는 조직이다.

가끔 이런 상상을 해본다. 내 딸아이가 컸을 때 피아노 앞에 앉아 연주를 하면 나는 기타를 들고 가서 같이 연주를 하자고 할 것이고, 아내는 해묵은 악보를 들고 나와 이 노래를 같이 부르자고 말하는 것이다. 그리고 그 노래에 담긴 옛 사연들을 딸아이에게 살며시 들려주는 것이다. 상상만으로도 의미들이 넘쳐나지 않는가? 홀로 서는 것이야말로 세상을 의미 있게 사는 전제조건이다.

독립성을 갖추는 방법

1. 자기 명함을 만들어라

"○○기업 ○○부서 팀장 홍길동."

회사 명함 외에 자기만의 명함을 만들어라. 하는 일이 무엇이고 특기는 무엇인지를 나타내며 회사의 이름을 빌리지 않고 진정으로 자신의 모습을 담은 명함을 만들어보는 것이다. 회사의 명함은 노예근성의 상징이다. 나만의 명함은 독립선언의 깃발이다. 자신이 다니는 대기업의 이름을 빌려서 어깨에 힘을 주고 다니는 바보들을 자주 본다. 그들은 명함 속에 있는 대기업의 상호를 빼버리면 빈 껍데기만 남는다는 사실을 모른다.

2. 남들이 안 하는 것을 하라

남들이 하는 것을 따라 하면 안전하다고 생각한다. 하지만 그곳은 안전이 아니라 무덤에 가깝다. 집단에 소속되어야만 편안함을 느끼는 것은 이미 자기가 없음을 말하는 것이다. 남들이 하지 않는 일을 하고 남들과 다른 방식으로 접근하는 것은 그가 독립적임을 암시하는 것이다. 실제로 남들이 하지 않는 곳에서 하는 것이 빨리 성공하는 길이기도 하다. 그곳에는 경쟁자가 없지 않은가!

3. 헝그리 정신을 가져라

헝그리 정신은 스스로 가진 것이 없음을 인정하는 것이다. 그러면 '아무것도 없는 놈이 다른 사람보다 더 열심히 해야지' 라는 오기가 생긴다. 사실 조금 가지고 있는 것보다는 아무것도 가지고 있지 않는 편이 행동하기도 편하고 결심하고 실행하기에도 편한 법이다. 가진 것에 대한 애착과 욕심 때문에 행동할 수 있는 기회를 늦추거나 놓쳐버리게 된다. 헝그리 정신을 가지면 자수성가할 수 있는 용기가 생긴다.

독립성을 갖추는 방법
1. 자기 명함을 만들어라
2. 남들이 안 하는 것을 하라
3. 헝그리 정신을 가져라

2부

성공을 위한 태도를 갖춰라

성공을 위한 태도를 갖춰라

11

남을 비난하지 마라

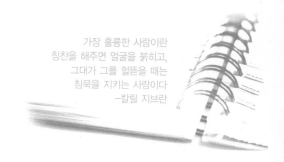

가장 훌륭한 사람이란
칭찬을 해주면 얼굴을 붉히고,
그대가 그를 헐뜯을 때는
침묵을 지키는 사람이다
−칼릴 지브란

길가는 사람이 돌부리에 걸려 넘어졌다. 돌부리를 욕하며 발로 돌부리를 걷어차자 자기 발만 더 아프게 되었다. 지나가는 사람이 혀를 차며 그의 우둔함을 말하자 그는 자신이 넘어진 것이 바로 당신들 때문이라며 비난하기 시작했다. 마침 그곳을 지나가던 원님이 "넘어진 것은 당신 잘못이지 돌부리나 다른 사람의 탓은 아니다"라고 판결을 내렸다. 비난할 것이 없어진 그는 재수 없는 날이라는 말을 던지고는 금방 사라졌다.

남의 잘못은 큰 눈을 뜨고 보지만 자기 잘못에 대해서는 눈감는 것이 우리들이다. 남의 잘못을 침소봉대(針小棒大)함으로써 얻을 수 있는 이익은 나의 부족함이나 잘못된 모습을 감출 수 있다는 것이다. 이런 이유로 가장 좋은 술안주는 남의 험담이 된다.

반면에 남의 실수나 잘못에 관대할 수 있는 사람은 자신의 실수나 잘못에 대해서 엄격하다. 모든 것이 자신의 잘못이니 남을 험담할 이유가 없을 것이다. 우정이 유지될 수 있는 비결은 친구를 친구로 규정하는 마음가짐이다. 좋은 친구로 규정된 친구는 어떤 행동이나 말을 해도, 설사 내 주장과 반대된다 해도 그를 인정해줄 수 있다.

모든 원인은 자기 내부에 있다. 내가 승진에 실패한 이유는 기술과 지식, 사람에 대한 애정이 부족한 때문이지 남들이 나의 승진을 방해했기 때문이 아니다. 남들이 노력하고 자신을 성장시키는 동안 당신이 한 일은 무엇인지 생각해보라. 아마 당신은 노력하는 사람들을 쳐다보며 그렇게 하는 것이 아니라고 비난했을 것이다. 다른 사람들이나 세상은 아무런 잘못이 없다. 자기 인생을 열심히 살아가는 훌륭한 사람들이다.

직장의 인간관계를 보자. 상사나 동료를 괜찮은 사람으로 규정해놓으면 그의 실수나 결함은 크게 보이지 않는다. 나의 규정이 그들의 허물을 덮어준다. 아무런 이유 없이 사람이 좋게 생각되는 이유는 내가 그를 좋게 생각하기 때문이다.

우리가 악의에 찬 저주를 퍼붓는 대상은 나보다 나은 삶들이거나 그의 재능과 실력으로 인해 내가 피해를 보는 경우일 것이다.

"화살을 만드는 사람은 자기가 만든 화살이 사람을 상하게 하지 못할까봐 걱정하고, 갑옷을 만드는 사람은 자기가 만든 갑옷 때문에 사람이 상할까봐 걱정한다."

맹자의 말이다. 자신의 사회적 역할에 따라 직업과 지위에 따라 걱정하는 바가 각기 다르다. 걱정하는 바가 다르니 당연히 생각에 차이가 있을 수밖에 없다. 다른 사람들은 모두 자기만의 이유와 의도를 가지고 있다. 나와의 차이는 화살을 만드느냐 방패를 만드느냐 하는 것뿐이다.

동료 중 한 사람이 별로 친하지도 않으면서 반말을 건네 온다. 나이가 나보다 많아서 참긴 하는데 왠지 모르게 화가 난다. '지가 날 언제부터 알았다고 반말이야.' 하는 생각이 든다. 거기다 자기가 마치 중요한 인물인 듯, 훌륭한 일을 하고 있는 것처럼 떠벌리기까지 한다. 흔히 하는 말로 속이 메슥거린다. 이럴 때 당신은 어떻게 하겠는가?

비꼬는 투로 상대방을 깎아내려서 복수를 할 것인가? 아니면 그냥 웃으며 지나칠 것인가? 그도 아니라면 상대방의 마음을 맞추어 주기 위해 아양을 떨 것인가?

"스스로의 노력으로 자신을 부각시키지 못한 사람은 다른 사람들을 자신과 동일한 처지로 끌어내림으로써 위안을 삼는다."

벤자민 프랭클린의 말이다. 나에게 다른 사람들에 비해 함부로 대하는 동료나 상사 혹은 부하직원이 있다면, 그는 나를 강한 라이벌로 의식하거나 질투하고 있는 것이다. 이때 가장 좋은 방법은 올바른 방법으로 정직하게 일하고 예의 바르게 대하는 것이다. 이런 태도는 만나고 싶지 않은 사람과의 불편한 대화에서 우리를 항상 승리하도록 만든다.

나를 함부로 대하는 사람들이 있거든 아주 자상하고 의연하게 대하도록 하자. 그들이 나를 마음껏 질투하도록 내버려두자. 저들의 저주스런 말들이나 질투의 표현들을 듣거든 그냥 넘어가자. 그들 때문에 나 자신의 행복과 정신건강을 해치는 것은 바보 같은 짓이다. 남을 비난해서 얻을 수 있는 것은 아무것도 없다.

Skill of Life

남을 비난하지 않는 마음을 갖는 방법

1. 내 탓이라고 생각하라

다른 사람의 추천으로 시작한 일에 실패를 했다면 그것은 나의 실천방법에 잘못이 있었기 때문이다. 다른 사람의 업무상 실수로 인해 나에게 피해가 돌아왔다면 그것은 내가 그의 업무를 도와주지 못하고 방관했기 때문이다. 팀장이 리더십이 없고 독단적인 결정을 하는 것은 내가 그에게 좋은 조언을 해주지 못했기 때문이며, 아이들이 대학에 떨어지거나 불량한 선배들과 어울려 다니는 것은 내가 부모 역할을 제대로 못했기 때문이다. 이런 모든 것이 내 잘못이다. 세상은 나와 연관되어 있고 그 결과에 대한 책임은 모두 나의 것이다. 이렇게 생각할 수 있을 때 우리는 자기 인생의 주인이 될 수 있다.

2. 다른 사람의 입장을 고려하라

남을 비난하게 되는 이유는 그의 상황을 알지 못하기 때문이다. 만약 우리가 그의 입장이 된다면 비난의 화살은 오히려 나에게 돌아올지도 모른다. 누구의 잘못인가를 판단하기 전에 다른 사람의 입장에서 문제를 보아야 한다. 그렇게만 할 수 있다면 우리는 보다 성숙하고 보다 건강한 마음을 유지할 수 있으며 세상을 보는 또 하나의 눈을 얻게 될 것이다. 그 눈이란 바로 다른 사람이 나를 보는 눈이다.

3. 그냥 그렇다고 생각하라

세상은 그냥 그런 것이다. 새는 날아다니고 짐승들은 뛰어다니고 물고기는 헤엄친다. 그들은 원래 그렇게 태어났으며 그것이 그들이 살아가는 방식이다. 사람도 자기 나름의 살아가는 방식이 있다. 각자 가장 편하고 자연스러운 방식으로 살아가고 있는데 그것을 바꾸려는 것은 어리석은 일이다. 새들에게 헤엄치라고 하고, 짐승들에게 날아다니라고 하며, 물고기에게 뛰어다니라고 주문하는 것과 같다. 다른 사람을 바꾸려고 시도하지 마라. 그의 방식은 그가 살아오면서 다양한 경험들을 통해 결정한 최고의 방식이다. 당신도 지금 그 방식대로 살고 있지 않은가!

남을 비난하지 않는 마음을 갖는 방법
1. 내 탓이라고 생각하라
2. 다른 사람의 입장을 고려하라
3. 그냥 그렇다고 생각하라

12

소모적인 휴식을 멀리하라

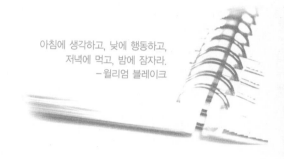

아침에 생각하고, 낮에 행동하고,
저녁에 먹고, 밤에 잠자라.
— 윌리엄 블레이크

생산적인 삶을 살기 위해서는 올바른 휴식이 아주 중요하다. 하지만 대부분의 사람들이 소모적인 휴식으로 소중한 시간을 흘려보내고 있다.

어떤 친구가 해외여행을 갔다 왔다며 자랑을 늘어놓는다. 경치가 정말 좋더라는 둥, 시차적응 문제로 고생을 했다는 둥, 역시 사람은 외국물을 먹어봐야 한다는 둥 그야말로 듣고 있자니 부아가 치밀어 미칠 지경이다.

"저 친구는 해외여행까지 갔다 오는데 나는 도대체 뭐하고 있는 거야? 흥, 누구는 뭐 돈이 없어서 안 가나? 다 바쁘다 보니 못 가고 있는 거지. 나도 이번 참에 해외여행이나 한번 가볼까?"

이런 저런 생각들을 하며 언젠가는 나도 훨씬 더 멀고 좋은 곳으로 여행을 가서 친구의 코를 납작하게 만들어줘야겠다고 다짐한다.

하지만 생산적인 여행이란 그런 것이 아니다. 그런 여행은 올바른 휴식이 될 수 없다. 휴식은 자기를 둘러보고 새롭게 만들기 위한 계기여야 한다. 자신이 멀리 여행 갔다 왔음을 자랑하는 사람이 있거든 그에게 이렇게 물어보라.

"이번 여행에서 무엇을 배워 오셨습니까?"

아마 대답을 못할 것이다. 배우려는 마음은 없고 허영심만 채우고 다녔기 때문이다.

해외여행을 통해 얻어야 하는 것은 세상 사람들의 다양한 삶의 방식과 열정 같은 것들이다. 그들이 각기 다른 자연환경 속에서 어떻게 조화를 이루며 자기 삶을 정제하고 있는지, 다양한 어려움 속에서도 어떤 사고방식과 문화를 통해 상호 질서를 유지하며 협력하고 있는지를 살펴보는 것이야말로 진정한 여행의 의미일 것이다.

자연에 대한 감흥도 인간에 대한 애정도 발견하지 못하고 오직 자신의 몸을 안락하게 만들기 위한 여행은 소모적인 휴식일 뿐이다. 그럴 바에는 비싼 돈 들여서 외국으로 갈 이유가 없다. 우리나라 심산유곡, 아니 안방에만 편히 누워 있어도 육체적인 피로는 자연스럽게 풀리는 법이다.

여름철이면 많은 사람들이 산과 바다로 피서를 떠난다. 그때쯤이면 바다와 계곡이 전쟁터처럼 붐빈다. 불과 삼사 일 쉬러 가는 휴가에 오가는 시간만 꼬박 하루 이틀을 잡아야 한다. 교통체증 때문에 휴가가 아니라 지옥이라면서 빨리 출근하는 날이 왔으면 좋겠다는 사람들도 있다.

그럼에도 불구하고 사람들이 복잡한 휴양지에 몰리는 이유는 무엇일까? 아이들이 좋아한다는 것은 핑계일 뿐 남들도 다 가는 곳인데 우리도 한번 가봐야 되지 않겠냐는 허영심 때문이다. 거기에 조용한 곳에서 세상을 관조하면서 쉬는 일은 휴가답지 않다고 주장하는, 생각하기 싫어하는 사람들의 헛된 유혹도 한몫하고 있다.

어리석은 사람들의 눈에는 휴식이라는 것이 회나 실컷 먹고 소주나 한잔 하면서 이리저리 떠들며 흘려보내는 시간으로밖에 보이지 않는 법이다. 올바른 휴식법을 아는 사람들은 몸과 영혼의 충만을 가져올 수 있는 곳을 찾아 나선다. 올바로 쉬지 못하면 우리의 생활은 개선되지 않음을 그들은 알고 있다.

남들이 많이 간다고 해서 따라나설 일이 아니다. 우리는 자신의 몸과 마음을 쉬게 하면서 세상을 바라보는 좋은 눈을 키워나갈 수 있는 좋은 휴식처를 개발해야 한다. 그곳이 내 집의 앞마당일 수도 있고 뒷동산일 수도 있다. 문제는 장소나 시간이 아니다. 그런 충만감이 없는 사람들만이 북적대는 피서지를 찾아 자신을 사람들 속에 파묻으려 한다. 그들과 똑같은 삶을 살 필요는 없다. 당신의 삶은 소중한 것이고 그 주인공은 바로 당신 자신이다.

Skill of Life

생산적 휴식을 취하는 법

1. 혼자 있는 시간을 늘려라

사람은 무엇보다 자신을 알아야 한다. 자신을 발견하는 것은 세상을 발견하는 것보다 훨씬 중요한 일이다. 자신을 발견해야만 나아갈 길을 살필 수 있다. 혼자 있는 시간은 자신을 살필 기회를 제공한다. 현대인들은 혼자 있는 시간이 턱없이 부족하다. 생각하려 하지 않기 때문이다.

2. 음악을 즐겨라

음악은 영혼의 울림이라고 했다. 사람의 감흥을 일으키고 생각을 돕는 데 유익하다. 꼭 클래식이나 가곡을 들어야만 하는 것은 아니다. 그저 자신이 좋아하는 음악이면 된다. 느낌이 좋아서 듣는 음악은 스스로를 치유하는 능력을 가지고 있다.

3. 게으름과 구별하라

휴식에도 적절한 노력과 긴장감이 필요하다. 그것이 없으면 휴식은 소모적인 시간낭비가 된다. 푹 쉬자는 생각으로 하루 종일 낮잠만 자는 사람들이 있는데 그것은 휴식이 아니라 게으름이다. 휴식은 의

도적으로 평소에 못해봤던 것을 찾아나서는 것이다. 잠은 평소에 얼마든지 자고 있지 않은가.

4. 산책을 하라

산책은 사색의 좋은 방법이다. 빨리 걸으면서 좋은 사색을 하기는 어렵다. 걷는 것에 집중하기 때문에 두뇌가 사색할 여력이 없어진다. 천천히 걸으면서 나무와 흙과 새들의 소리를 듣는 것은 자신을 성찰하는 데 큰 도움이 된다.

5. 차를 마시자

직장에서 차를 마시는 일은 일상적이지만 집에서 차를 마시는 것은 생활화되어 있지 않다. 손님이 오거나 특별한 일이 있어야만 차를 내는 것이 보통이다. 오늘은 자신을 위해 직접 차를 끓여보자. 시간의 개념을 벗어나 차 한 잔을 음미하자. 세상은 차 한 잔만으로도 괜찮은 곳임을 느끼게 될 것이다.

생산적 휴식을 취하는 법
1. 혼자 있는 시간을 늘려라
2. 음악을 즐겨라
3. 게으름과 구별하라
4. 산책을 하라
5. 차를 마시자

13

재미있게 일하는 방법을 찾아라

갑옷을 입고 있는 자는
그 갑옷의 노예다.
–로버트 브라우닝

요즘 사람들은 재미가 없으면 집중하지 않는다. 집중하지 않으니 성과가 없다. 재미있는 직장이 성과가 높고 환경의 변화에도 잘 적응해서 살아남는데도 불구하고 규칙과 규율을 강조하는 바람에 직원들이 재미를 잃어간다. 회사도 망하고 직원들도 실업자가 되는 길이다. 그런 곳에서 일하는 사람들도 회사가 근무할 분위기를 맞추어주지 않는다며 비난하다가 자신의 소중한 시간을 소비하고 있다.

회사가 제공하는 놀이수단에 연연해하지 말고 우리 스스로 일에서 놀이를 발견해야 한다. 발견할 수 없다면 만들어야 한다. 당신의 일이 놀이처럼 느껴지지 않는다면 일에서 삶의 의미들을 발견한다는 것은 불가능하다. 최소한 실업자가 되지 않기 위해서라도 일은 재미있어야 한다. 일에서 재미를 찾기 위한 몇 가지 방법을 소개해보겠다.

1. 날마다 한 가지 이상 다른 방식의 일을 찾아내라.
2. 규칙과 규율보다 사람을 중시해라.
3. 마음이 맞지 않는 사람과는 절대 일하지 마라.
4. 자기 적성에 맞는 부서를 골라서 최소한 3년 이상 한 곳에서 일해라.
5. 회사가 시켜서 하는 일 외에 스스로 일을 만든 다음 성과가 보일 때 회사에 정식으로 요구해라.

〈모던 타임즈〉라는 영화의 주인공 찰리는 하루 종일 나사못을 조이는 단순조립공이다. 반복되는 단순 작업의 결과로 인해 그는 눈에 보이는 모든 것을 조이려는 강박관념에 빠지고 정신병원과 감옥을 전전한다. 마치 기계처럼 돌아가는 우리 일상과 정신세계를 말하는 듯하다. 우연히 동병상련의 아픔을 가진 소녀를 만나 겨우 남은 한 가닥 희망을 이어가는 것으로 영화는 끝을 맺는다.

이 영화의 감독이자 배우였던 찰리 채플린은 시대적 억압과 강요, 광기, 미래가 없는 희망을 우스꽝스런 몸짓으로 노래한다. 나는 그런 찰리를 좋아한다. 그냥 우습기 때문이다. 그의 영화가 남기는 메시지보다 그의 몸짓이 훨씬 재미있다.

그는 자신의 영화에서 단순조립을 하는 노동이 인간을 소외시킨다고 말하고 있는지 모르지만, 그 자신은 영화를 굉장히 재미있게 찍고 있다는 생각이 든다. 그렇지 않고서야 어떻게 저런 우스꽝스런 모습으로 스크린을 누빌 수 있겠는가? 비판적이며 설득력 있는 영화를 만들면서도 재미있게 작업을 할 수 있다는 사실을 그에게서 배웠다.

일을 어쩔 수 없이 해야 하는 고통으로만 여기게 되면 자꾸 일이 싫어진다. 귀찮은 것이 되고 심지어는 일부러 일을 안 하거나 실수를 하기도 한다. 예전에 나와 옆자리에 앉아서 일했던 동료가 그랬다. 그는 충분히 할 수 있는 일인데도 일부러 안 하거나 혹은 엉터리로 해놓아서 상사나 다른 동료들이 그를 포기하게 만들었다. 일을 시켜봤더니 안 되겠더라는 이야기를 일부러 듣는 친구였다. 술자리에서 그가 한 말이 아직도 기억난다. 그는 승진을 하면 좋겠지만 일이 너무나 싫어서 그에 따르는 승진과 같은 이익들을 포기하겠다는 것이다. 일을 잘하면 더 많은 일을 줄 것이고 그러면 하기 싫은 일을 더 많이 해야 하니까 고통스럽다는 것이 말의 요지였다.

안타깝게도 우리 주위에는 어쩔 수 없이 일을 하는 사람들이 많다. 약간의 생각만 바꾸면 재미있게 일할 수도 있을 텐데 말이다.

"일은 피할수록 고통스러운 것이 되고, 자신이 나서서 재미있게 해보려고 할수록 괜찮은 것이 된다."

이것이 내가 발견한 일에 대한 진리이다. 때문에 나는 기왕 주어진 일 좀더 재미있게 해보자는 식으로 접근한다.

Skill of Life

일의 재미를 되찾는 방법

1. 아이의 눈으로 일을 보라

일은 꼭 진지하게 해야 하는 것이 아니다. 오히려 아이의 눈으로 재미있게 볼 때 그 성과가 좋아지는 경우가 많다. 진지한 사람의 치명적인 약점은 바로 창의성 없음이 아니던가! 아이의 눈으로 보면 일을 재미있게 할 방법들이 생각나게 마련이다. 때로는 그것 자체가 창의성이 된다.

2. 웃고 다녀라

일이 재미없다고 말하는 사람들은 잘 웃지 않는다. 반대로 잘 웃는 사람들은 대부분 자기 일에 대해서 흥미와 재미를 느끼고 있다. 일이 재미있어서 웃는 것이 아니라 웃으며 살기 때문에 일도 재미있어지는 것이다.

3. 일의 결과에 대해서 겁내지 마라

일은 잘될 수도 있고 잘못될 수도 있다. 일을 시작하기도 전에 미리 겁먹을 필요는 없다. 실패할지도 모른다고 주눅이 들면 어떤 일도 시작할 수 없고, 시작한다고 하더라도 절반은 지고 들어가는 경기와 같다. 노력을 쏟아 부으면 '잘될 것이라' 는 긍정적인 자기 암시가 중요하다. 잘될 것이라는 생각이 들면 일은 재미있어지는 법이다.

4. 결과물을 확인하라

하루의 일이 끝났으면 그 결과물을 점검해봐야 한다. 누구나 자기가 한 일의 결과를 보면 흐뭇하게 미소가 떠오르고 자긍심이 생긴다. 그러면 마음의 여유가 생겨 웃을 수 있다. 그 웃음이 다음에 할 일에 대한 자신감을 불러내고 긍정적인 삶을 향유할 수 있게 한다.

5. 다른 사람의 눈을 의식하지 마라

다른 사람의 눈을 의식하면 웃을 수 없다. 평소에 잘 웃는 사람도 카메라만 들이대면 죽을상이 된다. 자연스럽게 웃는 모습은 아름답지만 억지로 웃는 모습은 안타깝다. 남들을 의식하지 않는 웃음만큼 아름다운 모습도 없을 것이다. 다른 사람을 의식하다 보면 재미있는 일도 재미없다고 말해야 할지 모른다. 그 일을 빼앗기지 않기 위해서.

일의 재미를 되찾는 방법
1. 아이의 눈으로 일을 보라
2. 웃고 다녀라
3. 일의 결과에 대해서 겁내지 마라
4. 결과물을 확인하라
5. 다른 사람의 눈을 의식하지 마라

14

인내심이 승패를 좌우한다

참고 버텨라.
그 고통은 차츰차츰 줄어들어
너에게 좋은 것으로 변할 것이다.
–오비디우스

한번에 일확천금을 벌어들여 억만장자가 되고 싶은 사람이 있었다. 하루는 억만장자가 될 수 있는 방법을 연구하기 위해서 책을 사려고 서점에 갔는데, 한눈에 들어오는 책 제목이 있었다.

'단 하루 만에 1억을 버는 비법.'

그런데 그 책에는 부록이 한 권 딸려 있었는데 그 부록의 제목은 다음과 같았다.

'감옥에서 잘 지내는 비법.'

1960대에 스탠포드 대학에서는 유치원에 다니고 있는 4세의 아이들을 대상으로 머시멜로를 이용하여 의미 있는 실험을 한 적이 있다.

우선 아이들을 한 곳에 모아서 앞에 머시멜로를 하나씩 놓아주고 이렇게 말하는 것이다.

　"잠깐 나갔다 올 테니까 돌아올 때까지 먹지 않고 기다리면 상으로 머시멜로를 하나 더 줄게. 하지만 그때까지 못 기다리고 머시멜로를 먹어버리는 사람은 하나밖에 못 먹는 거야."

　당연히 연구원이 돌아올 때까지 기다리는 아이도 있었고, 눈앞에 있는 머시멜로의 유혹에 넘어가버린 아이들도 있었다. 이 실험은 아이들의 인내심을 측정하고 그들의 성취능력을 비교하기 위한 것이었다. 10년 뒤에 그 아이들이 자라서 청년이 되었을 때, 머시멜로를 먹은 그룹과 먹지 않은 그룹의 차이를 비교해보았다.

　그 결과 머시멜로를 먹지 않고 참았던 그룹의 아이들은 대인관계 능력이나 스트레스를 극복하는 능력이 뛰어났고 학업성적도 아주 우수했지만, 순간의 욕구를 참지 못한 아이들은 작은 일에도 쉽게 좌절했으며 학업성적도 부진했다고 한다.

　머시멜로 실험은 당장 하고 싶은 일들을 10분 혹은 20분 정도만 참을 수 있는 능력이 아이들의 미래에 얼마나 큰 영향을 미치는지를 잘 보여준다. 책상 앞에 앉아서 공부를 하다 보면 한 시간 동안에도 몇 번씩 밖에 나가 놀고 싶다는 생각이 들 때가 있다. 그 욕구를 10분 혹은 20분 정도를 참고 인내하는 아이들과 그렇지 않은 아이들이 얻을 수 있는 것은 달라진다. 인내심의 차이는 성적의 차이가 되고 인생의 성취능력을 좌우한다는 것이 실증적으로 밝혀졌다.

천하의 제갈공명도 사람을 얻기 위해서는 상대방의 마음을 얻어야 한다는 것을 알고는 인내심을 가지고 상대의 마음을 공략했다고 한다. 그가 내란을 평정하기 위해 반란군을 정벌하러 갔을 때의 일이다.

　온갖 지략을 펼친 공명은 적을 쉽게 쳐부수고는 적장 '맹획'을 사로잡았다. 맹획을 사로잡은 공명은 오랑캐로부터 절대적인 신임을 받고 있는 그를 죽이는 것이 능사가 아니며 국가의 안정에도 도움이 되지 않는다고 판단하고 그의 마음을 얻기로 결심했다. 그리고는 곧 그를 풀어주었다. 맹획 또한 용감한 자라 또다시 군사를 이끌고 공명과 싸웠으나 또 사로잡히고 말았다. 그러자 공명은 또다시 그를 풀어주었다. 그렇게 풀어주고 잡히기를 일곱 번이나 반복했다. 마지막 일곱 번을 잡히고 나서야 맹획은 진심으로 공명에게 승복하고 부하가 되기를 자청했다. 이것이 유명한 칠종칠금(七縱七擒)이라는 고사성어의 유래다.

　무엇인가를 얻고자 하는 자는 인내심이 있어야 한다. 아이들부터 노인들까지 인내심 없이 이루어지는 일은 대부분이 금방 허물어지고 마는 모래성과 같다.

　어느 날 친한 동료로부터 전화가 걸려왔다. 자신도 멋진 말솜씨와 설득력으로 사람들로부터 박수갈채를 받는 좋은 강의를 하고 싶은데, 잘되지 않아 자기 자신에 대해서 너무나 실망스럽다고 말했다. 그리고 어떻게 하면 멋진 강의를 할 수 있을지 도움을 구해왔다. 특별히 할 말도 없고 해서 내가 겪었던 것들을 종합해서 이렇게 말했다.

"무엇인가를 잘하기 위해서는 시간이 필요한 법입니다. 그 시간을 인내하고 자신을 밀고 나갈 수 있느냐가 성패를 좌우한다고 생각합니다. 인내심을 가지세요."

Skill of Life

인내심을 기르는 법

1. 3년을 참자

내 경험으로 무엇인가에 대해 전문적인 실력을 키우고 사람들로부터 잘한다는 평가를 받기 위해서는 최소한 3년의 시간이 필요하다. 그 3년을 인내할 수 있느냐가 성공을 좌우한다고 생각한다. 3년을 가슴에 묻어두고 현재를 인내하도록 하자.

2. 작은 성과를 남기자

오늘 한 일에 대해서는 오늘 성과를 남기는 것이 좋다. 그래야 지치지 않는다. 하루하루 성과를 남기기 어렵다면 일주일에 한 번 정도는 성과를 남기도록 해야 한다. 그 시간이 길어질수록 당신은 지칠 것이다. 눈앞에서 보고 확인할 수 있는 성과물을 축적하는 것이 인내심을 기르는 비결이다.

3. 경쟁자를 찾자

나와 같은 분야에서 일하는 사람 중에서 탁월한 사람을 골라 경쟁자로 삼자. 그 경쟁자는 나의 태도에 대한 평가기준을 제공해줄 것이다. 단, 경쟁자를 선정할 때에는 내가 쉽게 관찰할 수 있고 지금의 내

수준보다 한 단계 높은 위치에 있는 사람을 고르도록 하자.

4. 자신의 미래상을 생각하자

지금 하고 있는 것을 그만두고 싶을 때는 자신의 성공한 미래상을 그려보자. 전대미문의 성공을 이룬 자신의 모습을 상상하는 것만으로도 현재의 자신을 인내심 있는 사람으로 만들 수 있을 것이다.

인내심을 기르는 법
1. 3년을 참자
2. 작은 성과를 남기자
3. 경쟁자를 찾자
4. 자신의 미래상을 생각하자

15

열등감을 잘 관리하라

로마는 하루아침에 이루어지지 않았다.
–세르반테스

나는 왜 다른 사람들보다 뒤떨어지는 걸까?

이런 생각들이 들면 자신의 부족함 때문에 화가 난다. 바로 열등감 때문이다. 그러나 걱정할 필요가 없다. 열등감이란 잘 관리하기만 하면 자신을 위대하게 만드는 좋은 에너지가 된다.

《돈키호테》로 유명한 세르반테스는 열등감을 자신의 에너지원으로 만든 대표적인 인물이다. 그는 너무나 빈곤한 가정에서 태어났기 때문에 학교교육과 같은 정규적인 교육을 전혀 받아보지 못했다. 게다가 24세 때에는 유명한 레판토 해전에 참가하여 가슴과 왼손에 상처를 입어 불구의 몸이 되었다.

28세 때에는 해적들에게 습격을 당해 5년 동안 알제리에서 노예생활을 하였다. 노예생활을 하면서 4번이나 탈출을 시도했다가 실패했고 가까스로 보석금을 내고 석방되었다. 처녀작인 《라 갈라테아》 등 여러 편의 희곡을 썼으나 팔리지 않아 문학을 버리고 일개 무명의 세금 수금원 등으로 생계를 유지하였고, 몇 번인가 투옥당하기도 하며 빈곤한 생활을 하였다.

그런 어려움 속에서도 1605년 옥중에서 명작 《돈키호테》 제1부를 출판하였다. 그의 나이 58세 때였다. 그의 인생은 실패와 좌절의 연속이었지만 그것이 오히려 명작을 탄생시키는 계기가 되었다.

정규교육을 받지 못한 교육 열등생, 한쪽 팔을 제대로 쓸 수 없는 몸의 열등생, 노예생활과 작품의 흥행실패로 인한 사회생활의 열등생이었지만 그는 자신의 부족함을 잘 관리하여 성공의 자양분으로 만들었다.

작은 고추가 맵다는 말이 있다. 키가 작은 사람이 성격이 야무지고 당찰 경우를 가리킨다. 키가 작은 사람은 다른 사람들에 비해 열등감을 가질 수밖에 없다. 하지만 그 열등감이 다른 사람보다 좀 더 노력하도록 만들고 생존경쟁에서 살아남아야 한다는 불굴의 의지를 만들어낸다.

자신의 열등감을 잘못 관리하면 자칫 어려움에 처할 수도 있다. 열등감에 빠진 사람은 자기 자신을 무능한 존재로 여기며 무의식 속에서 자기를 부정하게 될 수도 있다. 이렇게 열등감을 가진 사람들은 보통 세 가지 정도의 행동성향을 보인다고 한다.

첫째, 우회적으로 다른 것에서 보상충족을 얻는 사람.

둘째, 포기하거나 회피하여 아예 열등감 자체를 느끼지 못하도록 하는 사람.

셋째, 열등감을 없애고자 열심히 노력하여 극복하는 현명한 사람.

"나는 재산도 없고 학벌도 부족해. 그러니까 다른 사람보다 더 성실하고 부지런해야 돼. 두고 봐. 내가 멋지게 해낼 테니까."

이렇게 생각할 수 있을 때 열등감을 긍정적인 에너지로 관리할 수 있다.

어떤 것을 선택할 것인지는 우리의 선택에 맡겨져 있다.

Skill of Life

열등감을 관리하는 법

1. 성공 스토리를 읽어라

책이나 인터넷에는 불우했지만 성공한 사람들의 이야기들이 많다. 그들의 이야기를 읽으면 자연스럽게 그들의 마음을 이해하게 되고 따라 하고 싶은 욕구가 생긴다. 그와 함께 삶의 자신감도 얻게 된다.

2. 숨기지 말고 자랑하라

자신이 열등하다고 생각되는 부분을 남에게 자랑스럽게 내보이자. 키가 작은 사람은 키가 작다는 사실을 유머로 이용하고, 뚱뚱한 사람은 자신의 허리둘레를 당당하게 말하자. 자신의 부족함에 대해 웃을 수 있을 때 열등감에서 해방될 수 있다.

3. 가슴에 각인시켜라

열등감이 찾아오면 피하고 싶어진다. 그때 자신의 현실을 솔직히 인정하고 가슴에 각인시켜라. 자신의 부족함을 가슴에 각인시키면 오기와 열정이 살아난다. 피하지 말고 그대로 받아들이는 것이다.

4. 완벽한 사람은 없다

이 세상 그 누구도 완벽할 수는 없는 법이다. 한두 가지 정도의 부족함은 누구에게나 있다. 완벽한 사람은 없으며 자신의 부족함에 집착하여 굴복하는 사람과 그것을 뛰어넘는 사람이 있을 뿐이다.

16

자신이 괜찮은 사람이라는 걸 믿어라

당신은 당신 자신의 창조자이다.
–카네기

고대 그리스의 신들 중 '에로스'는 사랑의 신이다. 그는 황금화살과 납화살을 가지고 다니는데, 황금화살을 맞은 사람은 상대방을 사랑하게 되고 납화살을 맞은 사람은 미워하는 마음을 갖게 된다. 에로스 신과 관련된 많은 이야기 중에서 프시케와의 사랑 이야기는 가장 많이 알려진 이야기일 것이다.

프시케는 아프로디테의 미움을 사지만 사랑의 힘으로 이를 극복하고 에로스의 아내가 될 수 있었다. 그러나 언니들의 질투를 사게 되고 밤에만 나타나는 자신의 신랑이 뱀처럼 생긴 괴물일지도 모른다는 말을 듣는다. 에로스는 "의심이 자리 잡은 마음에는 사랑이 깃들지 못한다"는 말로 자신을 믿어줄 것을 경고했지만, 호기심이 극도에 달한 프시케는 그만 일을 내고 만다.

신랑이 잠든 어느 날 밤 등잔에 불을 밝혀 에로스의 얼굴을 보고 만 것이다. 그때 프시케는 실수로 등잔의 뜨거운 기름 한 방울을 에로스의 어깨에 떨어뜨려 그를 깨우게 되고, 에로스는 "의심이 자리 잡은 마음에는 사랑이 깃들지 못한다"는 말을 남기고는 큰 날개를 펴서 날아가버린다.

이것이 유명한 프시케와 에로스의 사랑 이야기다. 그들의 이야기에는 믿음과 사랑에 관한 진실이 담겨 있다. 믿지 못하면 사랑은 이루어지지 않는다는 것이다. 마치 자기 자신을 믿지 못하는 사람이 제대로 된 인생을 살지 못하는 것처럼.

프리젠테이션 스킬을 교육해서 강사를 양성하는 과정을 진행하면서 지금 막 강사생활을 시작하려는 사람들에게 이런 말을 한 적이 있다.

"외부에서 가져온 자료를 그대로 사용하려 하지 말고 자기 마음속에 있는 자기 것을 사용하려고 노력하십시오. 여러분은 축적된 것이 없습니다. 그러므로 외부에서 끌어와서 사용하려는 경향이 있습니다. 그러나 그 반대로 생각하면 축적된 것이 없기 때문에 다른 사람들보다 더 신선하고 새로운 이야기를 할 수 있을 겁니다. 그 전제조건은 여러분들의 삶에 대한 자신감에 있을 겁니다."

돈과 마찬가지로 지식과 자료들 또한 많다고 해서 유익한 것은 아니다. 그것을 사용하는 사람의 태도에 따라서 지식과 자료들은 전혀 다른 모습으로 바뀐다. 말을 청산유수처럼 잘하고 표현력도 뛰어나지만 전혀 감동을 주지 못하는 경우도 많다. 좋은 내용도 말하는 사람의 인간성이 배어 있지 않다면 죽은 이야기로 묻혀질 뿐이다.

길가에서 핫도그를 팔며 살아가는 사람이 있었다. 그는 귀가 들리지 않아 라디오도 들을 수 없었고 시력이 나빠 글자도 읽을 수 없었지만, 핫도그에 대한 열정만은 대단한 사람이어서 "맛있는 핫도그 사세요"라고 열심히 외쳤다. 그 덕분에 사람들은 그의 핫도그를 많이 사갔고 그 돈으로 아이들을 대학까지 보낼 수 있었다.

그러던 어느 날 대학을 다니던 아이가 방학이라며 아버지의 핫도그 장사를 돕겠다고 나섰다. 아들이 핫도그 장사를 돕기 시작하면서 가게에는 변화가 생기기 시작했다. 아들이 핫도그 장사 일에 대해서 부정적으로 말하기 시작한 것이다.

"아버지, 지금 우리나라는 엄청난 불경기에 접어들고 있어요. 사람들은 소비를 줄이고 있어서 아마 앞으로는 핫도그가 갈수록 잘 안 팔릴 거예요."

아들의 말을 듣고 아버지는 '내 아들은 대학도 다니고, 라디오도 듣고, 신문도 읽으니까 세상에 대해서 잘 알겠지. 아들이 그렇다면 그런 거야'라고 믿고 말았다. 그래서 그는 더 이상 핫도그를 팔기 위해 소리 내어 외치지 않았고 재료를 구입하는 양도 갈수록 줄어들었다. 핫도그 판매량은 갈수록 줄어들었고 아버지는 드디어 아들에게 이런 말을 하게 되었다.

"아들아, 네 말이 맞구나. 지금은 불경기야."

결국 그 핫도그 가게는 문을 닫고 말았다.

아버지는 아들이 자신보다 배운 것도 많고 세상에 대해서 더 잘 아는 현명한 사람이라고 생각하고 그만 그의 말을 듣고 말았기 때문에 가게를 더 이상 유지할 수 없게 되었다. 그가 더 이상 "핫도그 사세요"라고 외치지 않았기 때문에 손님들이 오지 않은 것이다. 자신이 장사를 잘할 수 있는 사람이라는 사실을 믿고 행동했다면, 분명히 그는 더 많은 핫도그를 팔 수 있었을 것이다.

유명한 법의학자였던 찰스 엘브스타인은 외모가 매우 못생겼다고 한다. 하지만 그를 존경하는 사람들이 아주 많았다. 어떤 사람이든지 그와 10분만 이야기를 하고 나면 10년을 사귄 사람처럼 친해졌다. 그 비결이 무엇인지를 그는 이렇게 밝혔다.

"내가 먼저 상대에게 친밀감을 보이면 상대방도 친밀감으로 나를 대합니다. 그리고 상대방 역시 나와 마찬가지로 어떤 면에서 열등감을 갖고 있다는 사실을 명심하기만 하면 되지요."

우리는 모두 부족한 면을 가지고 있다. 반면에 자랑스러울 만큼 강한 면도 가지고 있다.

Skill of Life

자신의 가치를 확인하는 방법

1. 예전의 일기를 꺼내 보자

5년 전 혹은 10년 전의 일기를 꺼내 보자. 그곳에는 당신의 과거 모습이 고스란히 담겨 있을 것이다. 그때의 정신세계도 지금과 크게 다르지 않음을 알게 되고 '예전에도 속 깊은 놈이었구나!' 라고 자신을 확인해볼 수 있을 것이다. 당신은 괜찮은 사람이다. 생각도 깊고 속도 넓으며 무엇보다도 이기심으로 똘똘 뭉친 이들과는 다르지 않은가! 예전의 일기를 꺼내어 당신의 세계를 들여다보면 당신의 가치를 확인할 수 있을 것이다.

2. 주위의 좋은 사람들 이름을 적어보자

주위에 있는 존경받을 만한 사람들의 이름을 적어보자. 당신과 친하고 인격적으로 믿을 만한 사람의 명단을 적어보는 것이다. 그들은 왜 당신과 가까이 있으며 연락을 주고받고 술잔을 기울일까? 당신이 그들과 마음이 통하기 때문이다. 당신은 그들에게 존재하고 있다는 것만으로도 도움을 주는 사람이다. '나는 아무것도 가진 것 없다' 고 여기는 사람도 다른 사람에게 힘을 불어 넣어주는 가치 있는 존재인 경우가 많다. 그 이유 하나만으로도 충분히 아름다운 존재가 아닌가.

3. 편지를 쓰자

지금 당장 아끼는 사람에게 편지를 써보자. 당신의 아이들, 아내, 그리운 이, 아끼는 후배에게 편지 한 통을 써보자. 그곳에 당신이 하고 싶은 말을 솔직하게 담아보라. 글을 쓰는 것은 말을 할 때보다 훨씬 더 깊은 사고를 요구한다. 당신은 그들에게 중요한 존재임을 확인함과 동시에 더욱 중요한 당신 자신의 가치를 발견할 수 있을 것이다.

자신의 가치를 확인하는 방법
1. 예전의 일기를 꺼내 보자
2. 주위의 좋은 사람들 이름을 적어보자
3. 편지를 쓰자

17

열심히 의미 있게 살아라

철학을 한다는 것은
사는 방법을 배우는 것이다.
-스피노자

사람들은 열심히 사는 시간과 의미 있게 사는 시간의 개념을 다르게 가지고 있다.

열심히 사는 시간이란 경제적 상황을 개선하기 위해 현재의 직업에 충실하고 자기 자신을 보다 능력 있도록 만드는 시간들을 말한다. 의미 있게 사는 시간이란 가족과 좋은 관계를 만들고, 사회적 관계 또한 경제적인 부분을 넘어서는 배려와 나눔의 의미를 찾아보는 것을 말한다.

우리는 대부분의 시간을 의미 있게 살기보다는 열심히 사는 것에 투자하고 있다. 아이들과 놀아주는 시간보다 성공을 위해 일하는 시간이 많다는 말이다. 성공보다 가족이 중요하다는 사실은 알고 있지만 경쟁적인 환경 때문에 가족에게 충실하지 못하다.

그것은 위험한 것이다. 아이들보다 돈이 중요한 것은 아니지 않은가. 먹고살기도 바쁜데 배부른 소리하고 있다고 말할지도 모르겠다. 그러나 의미 있는 활동이 뒷받침되지 않는 삶이란 단순한 생물학적 의미 외에는 무가치할 것이다.

이것은 바쁘다는 이유만으로 회피할 수 있는 문제가 아니다.

프로그램 개발자로 일하던 초창기 시절 나는 샤론 와인버그라는 사장이 지휘하는 프로젝트에 참여하였다. 그녀는 깨어 있는 경영자의 표본이라 할 만한 사람이었다.

어느 눈 내리는 날, 나는 불안정한 사용자 데모 프로그램을 손보기 위해 아픈데도 불구하고 회사에 나왔다. 샤론은 내 사무실에 들어와서 내가 탁자에 기대어 간신히 서 있는 것을 보았다. 그녀는 나갔다가 몇 분 후에 스프가 담긴 그릇을 들고 들어왔다. 그녀는 내게 그것을 주며 기운을 북돋아주었다. 내가 바쁜 관리자 업무를 하면서 어떻게 이럴 시간을 다 냈느냐고 묻자, 그녀는 예의 그 유명한 미소를 지으며 이렇게 말했다.

"톰, 이런 게 바로 경영이랍니다."(《피플웨어》 중에서)

일상을 보다 아름다운 것으로 만드는 활동들이 빠져버리면 경제적 상황이 나아져도 삶의 질은 나아지지 않는다. 아픈 사람들에게 억지로 일을 시켜가면서 돈을 모으는 회사가 과연 오래 지속될 수 있을까? 진정한 경영이란 직원들을 가족으로 생각하며, 함께 어떤 가치 있다고 생각하는 일을 해나가는 것이다. 현명한 경영자는 돈을 벌어서 회사에 이익을 남기는 일 못지않게 삶에 가치를 부여해주는 의미 있는 일들을 소홀히 하지 않는 법이다.

이제 우리 자신을 살펴보자. 우리는 생계를 유지해야 한다는 이유로 삶의 중요한 가치들에 대해 눈감고 살아가고 있는 것은 아닌가? 돈을 모으기 위해 그렇게 노력했는데 이제 충분히 행복해졌는가?

2천만 원의 연봉에 만족하지 못한다면 1억 원을 받게 된다 해도 만족할 수 없다. 돈이 문제가 아니라 사람이 문제이기 때문이다. 적은 돈도 의미 있게 사용할 수 있는 것이야말로 진정한 능력일 것이다. 하지만 기본적인 생활을 유지할 만큼의 수입이 없다면 생활에 어려움을 겪을 수밖에 없다.

가장 좋은 해결책은 열심히 사는 일과 의미 있게 사는 일이 하나가 되도록 하는 것이다. 아이와 놀아주는 것이 자신의 성장을 위한 일이 될 수도 있고, 아내와 따뜻한 대화를 나누는 것이 직장 일을 더욱 잘할 수 있도록 자극할 수 있고, 친구를 만나 의리를 나누는 일들이 세상을 보다 긍정적으로 바꾸고자 하는 열정으로 이어지게끔 하는 것이다.

불가능하다고 생각할지도 모른다. 세세한 가족사와 친구 관계, 직업상의 일이 무슨 관계가 있냐고 반문하는 사람들도 많을 것이다. 하지만 당신이 생각하는 것 이상으로 당신과 세상은 충분히 연관성이 깊다. 오히려 그 연관성 속에 삶의 보람과 진실이 있다.

그것들을 통합하지 못하는 삶은 이중성을 내포한 불만족스러운 삶이다.

직장과 가정에서 이중적 성격을 지닌 사람들이 많다. 이들을 통합하고 자신의 일이 생활이 되고 생활이 일이 되도록 하지 않으면 안 된다. 인생은 단 한 번뿐이고 그것의 주인공은 바로 나 자신이기 때문이다. 한 번뿐인 인생을 돈이나 열심히 벌다가 갈 수는 없는 일 아닌가! 진정한 생산성이란 궁극적인 인생의 목표와 연관되어 있다.

Skill of Life

열심히 의미 있게 사는 방법

1. 회사보다 가정을, 자기보다 가족을 우선시하라

회사 일보다 가정의 일을 우선시해야 하는 이유는 우리가 지나치게 회사 일에 집착하고 있기 때문이다. 자기보다 가족을 우선시해야 하는 이유는 자신의 성장을 위해 가족을 이용하고 있을지도 모르기 때문이다. 그런 과정을 딛고 성공한 다음 뒤를 돌아보았을 때, 축하해 줄 사람이나 같이 성공의 열매를 향유할 사람이 없다면 어떨까. 이것은 일에서의 성공이 인생에서의 실패를 전제로 한 것임을 알려준다. 결국 인생에 실패한 사람은 일에서의 성공조차 실패한 것이 된다.

2. 휴식의 의미를 찾아라

때로는 일보다 휴식이 중요한 법이다. 잘 쉬지 못하면 훌륭한 일을 해낼 수 없다. 열심히 의미 있게 살기 위해서는 지금 매진하고 있는 일보다 휴식에 의미를 두어야 한다. 특히 일이 잘되고 있을 때 휴식은 반드시 필요한 법이다. 휴식은 일에 파묻혀진 우리의 어두운 부분을 드러내주고 의미 있는 삶의 길을 제시해준다.

3. 삶의 원칙을 정하라

살아가면서 지켜가야 할 원칙들이 필요하다. 세상이 강요하는 물질에 대한 욕심이나 경쟁에서 승리하려는 생각들을 넘어서, 살면서 이것만은 지켜야 한다고 생각되는 것을 정할 필요가 있다. 그리고 어떤 중대한 판단의 시점에 도달했을 때 그 원칙을 기준으로 결정해야 한다. 순간의 욕망에 눈이 멀어 정작 중요한 인생의 원칙을 지키지 않는다면 우리는 외부적인 압력이 아니라 스스로에 대한 실망감 때문에 무너져버릴 것이다. 삶의 원칙을 지킨다는 것은 인간으로서의 양심과 스스로에 대한 자존심을 지킨다는 점에서 매우 중요하다.

열심히 의미 있게 사는 방법
1. 회사보다 가정을, 자기보다 가족을 우선시하라
2. 휴식의 의미를 찾아라
3. 삶의 원칙을 정하라

18

책을 대하듯 삶을 살아라

집은 책으로 가득 채우고,
정원은 꽃으로 가득 채워라.
−랭

　15년 전에 읽었던 책을 꺼내어 살짝 들춰봤더니 책 구석구석에
아주 오래된 생각의 흔적들이 있었다. 당시의 내 생각과 지금의 생
각을 비교해보기도 하고 어린 시절의 나를 다시 발견하며 지금의
나를 반성하기도 했다. 히죽거리며 웃어보기도 하고 남들이 보면
안 되겠다는 부끄러운 마음이 들기도 했다.

　그러면서 저 책들이 혹시 한 사람의 인생과 같지 않을까 하는 생
각이 들었다. 책에는 저자의 생각과 경험과 의지 같은 것들이 녹아
있어서 마치 그의 인생을 엿볼 수 있기 때문이다. 가만 생각해보니
책과 우리의 인생은 공통점도 참 많았다.

　1. 첫 번째 공통점은 정성을 들이지 않으면 아무것도 얻을 수 없

다는 점이다. 책을 읽으면서 저자의 생각을 정확하게 이해하기 위해 노력하지 않으면 별로 얻는 것이 없다. 한 권을 읽어도 남는 것이 없다는 생각이 드는 것은 책의 내용이 부실해서가 아니다. 읽는 사람의 자세와 마음가짐이 감동을 넘어 자기 인생의 자양분으로 만들어야겠다는 의지가 부족하기 때문이다.

인생도 마찬가지가 아닐까 싶다. 자기 인생을 목적도 의지도 없이 소일하듯이 흘려보내서는 수십 년이 지나도 남는 것은 없다. 자기 인생을 보다 알차게 만들기 위해 정성을 들이고 노고를 아끼지 않는 사람에게 인생은 비로소 자신의 의미를 보여줄 것이다.

2. 책은 빨리 읽는 것이 목적은 아니다. 책을 읽는 목적은 이해와 감동 그리고 자신의 성장이다. 빨리 읽는다고 그 목적을 달성할 수 있는 것은 아니다. 오히려 천천히 음미하면서 읽어야만 행간의 뜻이 보이고 자신의 현실에 대한 시사점들을 발견해낼 수 있다.

인생도 빨리 사는 것이 목적은 아닐 것이다. 삶이 고통스럽고 힘들 때면 지금의 이 시간들이 빨리 지나갔으면 하는 생각이 들겠지만, 우리 삶은 시간을 흘려보내기 위한 수동적인 것이 아니라 자신이 시간의 의미를 만들어가야 하는 능동적인 것이다. 내일의 부와 행복을 위해서 오늘이 빨리 지나가도록 해서는 안 된다. 오늘 하루야말로 내가 뭔가를 하고 의미를 남길 수 있는 유일한 날이라고 생각해야 한다.

3. 좋아하는 분야의 책은 재미있듯이 좋아하는 일을 해야 삶이 즐겁다. 자신이 좋아하는 분야거나 좋아하는 작가의 책은 내용이

특별하지 않은 것 같은데도 재미있게 느껴진다. 그를 좋아하기 때문이다. 마찬가지로 인생도 자신이 좋아하는 일을 하면서 호감이 가는 사람들과 함께 할 수 있다면 그것은 행운이고 즐거움이 될 것이다.

4. 값이 비싸다고 좋은 책은 아니듯, 돈이 많고 부유하게 산다고 해서 인생이 깊어지는 것은 아니다. 좋은 책은 현상적인 분석을 넘어 진실과 본질에 관한 의미 있는 이야기들을 알려준다. 인생도 돈이라는 현상의 뒤에 숨어 있는 배려와 격려, 애정 같은 것들을 느끼며 실천하는 것이라야 의미 있을 것이다.

5. 책과 작가의 생각에만 의존하면 자기만의 생각이 없어진다. 마찬가지로 다른 사람들의 인생이 좋아 보여서 그들을 따라 하다 보면, 정작 자기 자신이 사라진 인생을 발견하고는 당황할 것이다. 책을 읽으면서 자신의 생각을 확장하고 그 내용들을 자신의 것으로 다시 만들어내야 한다. 인생도 다른 사람들의 모습을 지켜보며 자신의 생활과 삶의 방식을 보다 훌륭한 것으로 다시 만들어낼 수 있어야 하는 것이다.

6. 책을 쓰는 것은 실천이다. 펜을 들고 노트북을 켜서 한자 한자 써내려가야 하는 행동이다. 작은 행동이지만 그것을 하지 않으면 한 페이지의 글도 쓸 수 없다. 인생 또한 행동하지 않으면 한 발자국도 나아갈 수 없다. 생각만 하고 계획만 짜다가 시간을 다 보낸다면 얻을 수 있는 것이 없다. 인생은 지식의 문제가 아니라 행동의 문제다.

7. 마지막으로 전체를 생각하지 않으면 모든 것이 꼬여서 뒤죽박죽이 된다는 점에서 책과 인생은 같다. 책은 말하고자 하는 내용들이 일목요연하게 목차로 정리되어 있다. 우리 인생도 태어나서 죽을 때까지 자기 삶의 어느 부분에 어떤 일을 하면서 무엇을 목표로 살아가야 할 것인지에 대해 생각하며 의식적으로 자기 삶을 꾸며볼 필요가 있다.

이렇게 책과 인생은 비슷한 점이 많다. 아주 오래된 옛날 책을 꺼내서 본 순간 나는 과거의 나를 발견했고 지금의 나를 다시 살펴보게 되었다. 많은 사람들이 책은 읽어도 생활에 도움이 되지 않는다고 생각한다. 그러나 사람들은 모르고 있다. 책이 자기 생활에 도움이 되지 않는 것이 아니라 책 한 권 읽고는 모든 것이 해결될 것처럼 기대하는 그들의 태도가 문제라는 것을.

책을 읽으면서 외우고 결의를 다지고 실현에 접목해보기를 반복하자. 하지만 책이 아니라 스스로가 삶을 밀고 나가야 한다는 사실을 망각해서는 안 된다. 이것은 아무런 행동도 하지 않고 우리 인생이 좋아지기를 바라는 것과 다를 게 없다.

책읽기는 스스로를 생산적으로 만드는 아주 훌륭한 방법이다.

Skill of Life

책과 삶을 대하는 마음가짐

1. 돈을 들여 투자하라

나는 만화책도 깨끗하게 보려고 노력하고 괜찮은 내용이라는 생각이 들면 반드시 사서 본다. 빌려서 보면 줄을 긋거나 나만의 표시를 할 수 없고, 다음에 보고 싶은 내용이 있어도 찾아보기가 번거롭다. 무엇보다도 돈과 노력을 들여서 읽고 나면 훨씬 오래 기억된다는 경험 때문이기도 하다. 우리 삶을 사는 데도 투자는 반드시 필요하다. 은행에 넣어두는 돈은 투자가 아니다. 언제 쓸지도 모르는 돈을 은행에 두는 것보다는 나의 재능을 계발하기 위해 투자하는 것이 훨씬 더 확실한 투자방법이다. 책과 인생 모두 돈을 들여서 투자해야만 보다 큰 것을 얻을 수 있다.

2. 함부로 하지 마라

대학교 때 함께 자취했던 친구는 책과는 담을 쌓은 녀석이었다. 스무 살이 넘어서도 만화책과 무협지가 독서량의 주를 차지했다. 다른 책은 재미가 없어서 못 읽겠다는 것이다. 하지만 내가 보기에는 그의 태도가 문제였다. 그는 책을 주로 읽는 용도보다는 바퀴벌레를 잡거나 뜨거운 라면 냄비의 받침으로 사용했다. 책을 사랑하는 사람은 그럴 수 없을 것이다. 자기 인생을 사랑하는 사람은 지금이라는 시간을 함부로 다루지 않는다. 때문에 뭔가를 해보려고 항상 시도하는 것이다. 책뿐만 아니라 자기 삶도 함부로 다루어서는 안 된다.

3. 책 한 페이지는 하루와 같다

책의 한 페이지는 오늘이라는 나의 하루와 같다. 한 페이지를 제대로 읽어내지 못하면 책 한 권을 읽어도 얻는 것이 없고, 오늘 하루를 제대로 살아가지 못하면 1년 혹은 10년이 지나도 성장한 자기 모습을 확인하는 것은 불가능하다. 한 페이지를 제대로 읽어서 깊은 내용을 뽑아내보자. 오늘 하루를 충실히 한다면 내일의 나는 달라진다.

책과 삶을 대하는 마음가짐
1. 돈을 들여 투자하라
2. 함부로 하지 마라
3. 한 페이지는 하루와 같다

19

자신에게 엄격한 기준을 적용하라

가장 무서운 사람은
침묵을 지키는 사람이다.
–호라티우스

　내 책을 읽은 어떤 동료가 전화를 걸어왔다. 책을 읽은 느낌을 말하고 싶어 하는 것 같았다. 순간 두려움과 설레임이 교차했다. 과연 어떤 평가가 나올까? 나를 잘 아는 사람들은 내 글에 대해서 어떤 평가를 할까? 이런 생각을 하면서도 막상 나는 전혀 엉뚱한 업무적인 이야기로 관심을 끌려고 했다. 결국 나는 그에게서 책에 대한 어떤 이야기도 듣지 못하고 말았다. 객관적인 평가를 살필 기회를 애써 회피한 것이다.

　이처럼 실생활 속에서 우리는 자신의 감정을 보호하기 위해 진실을 회피하거나 스스로를 합리화하고 다른 사람에게 원인을 돌리려 한다. 이런 방어기제로부터 자유로울 수 있는 사람은 드물다.

　어떤 환경적인 적응에 실패하거나 일에서 소외되었을 때 방어기제가 작동한다. 자신의 어리석음과 용기 없음을 인정하지 않고, 아무것도 아니라는 식으로 진실을 회피함으로써 자신을 속이려고 시도하게 되는 것이다. 이런 방어기제로부터 나름대로 자유로울 수 있는 방법 중 하나가 자신을 엄격하게 대하는 것이다. 다른 사람들에게 적용하는 기준보다 한 단계 높은 도덕적, 실천적 기준을 적용함으로써 회피할 수 있는 수단들을 미리 차단해버리는 것이다.

스스로에게 엄격하다는 말은 있는 그대로를 솔직히 바라보고 인정하는 것에서 시작한다. 자기를 가장 잘 아는 것은 자기 자신이다. 능력의 한계와 장단점, 성격상의 결함과 독특한 취향들을 다른 누구보다도 뚜렷하게 인식하고 있다. 이것을 인정하지 못한다면 주변 세계와 조화될 수 없을 뿐만 아니라 삶의 진정한 자유도 획득할 수 없다. 그러나 우리는 다른 사람의 말이나 행동을 평가할 때에는 말이나 행동 자체와 그로 인한 결과만을 판단의 근거로 삼으려고 하면서도, 자신의 말이나 행동으로 인한 결과에 대해서는 심리학자가 분석하는 것처럼 그 이유와 원인을 그럴듯하게 둘러대면서 합리화하려는 경향이 있다. 스스로는 인정하지 않겠지만 사람들은 모두 자기 자신에게 아주 관대하다.

자신에 대해 관대한 사람들은 '최선을 다했다'는 말을 잘한다. 최선을 다했다는 것은 차선책이 없이 오직 성심과 성의를 다해서 한 가지 방법으로 온힘을 다 썼다는 말이다. 솔직히 이런 식으로 최선을 다했으면 그는 기력이 다해 죽었거나 최소한 병원에 입원이라도 했어야 한다. 그러나 최선을 다했다고 말하는 사람은 많지만 그 결과 병원에 실려 간 사람은 찾아볼 수가 없다.

나는 이것을 변명이라고 생각한다. 자신이 한 일에 대해서 책임을 지지 않기 위해, 혹은 비난의 화살을 다른 곳으로 돌리기 위해 늘어놓는 변명인 것이다. 최선을 다한 사람은 그런 말을 하지 않는다. 그냥 그 결과를 묵묵히 받아들이고 다른 일을 준비한다. 그것이 최선을 다한 사람의 태도다. 최선을 다했다는 말은 '나에게는 잘못이 없습니다' 라는 말과 같은 뜻이다.

그래서 나는 최선을 다했다는 말을 하지 않는다. 또한 그렇게 말하는 사람을 신뢰하지 않는다. 결과가 어떻게 되었건 '내 잘못이며 내 책임이다' 라고 말하는 사람을 신뢰한다. 책임을 지는 태도야말로 자기 인생의 주인이 되는 태도이기 때문이다. 그런 사람들은 어느 곳에 가서도 자기 몫을 충분히 해내고 오히려 다른 사람의 일을 걱정해준다. 자신에게 엄격한 사람들은 스스로가 부끄러워서라도 최선을 다했다는 말을 할 수 없을 것이다.

윈스턴 처칠은 이런 말을 남겼다.

"최선을 다하는 것으로는 충분하지 않다. 때로는 우리에게 요구되는 것들을 마땅히 해야만 한다."

최선을 다했다는 말로 자신의 책임을 회피해서는 안 된다. 책임을 회피하려거든 성과에 대한 보상도 포기하라. 책임지는 사람에게만 결과를 누릴 자격이 주어진다.

우리는 자신에게 약간은 심하다 싶을 만큼 엄격해야 한다. 그래야 자신을 관대하게 대하는 태도에서 벗어나 현재를 있는 그대로 볼 수 있다. 그렇게 자신에게 높은 기준을 적용하여 행동하다 보면, 어느덧 주위 사람들이 자신을 거부감 없이 자연스럽게 대하고 있다는 걸 느낄 수 있을 것이다. 다른 사람들이 좋아하는 대상이 될 수 있을 것이다.

인기를 얻기 위해서가 아니라 진정으로 자신의 삶을 성숙하고 통찰력 있는 세계로 채워나가기 위해서 우리는 스스로에게 높은 기준을 적용해야 한다. 긴장감을 자극으로 여기고 한발 더 나아갈 수 있도록 자신을 곧추세워야 한다.

Skill of Life

자신에게 엄격해지는 방법

1. 다른 사람은 나의 이야기에 관심이 없음을 기억하라

어느 교수님이 사은회에서 인사말을 하기 위해 조바심하며 기다리고 있었다. 그때 졸업생 중 한 명이 다가와서 말씀하시기 전에 읽어달라면서 쪽지 하나를 건네주고 갔다. 속으로 무슨 특별한 행사라도 준비한 것인가 싶어서 기대하는 마음으로 쪽지를 펼쳐보았더니 이렇게 적혀있었다.

"연설은 짧게 해주세요. 교수님, 축구경기가 있어요."

다른 사람은 나의 연설이나 말, 인생에는 별로 관심이 없다. 오직 그들의 재미에만 관심이 있다. 그들을 만족시키기 위해서가 아니라 나 자신을 만족시키기 위해 일하는 것이다. 그러기 위해서는 스스로에게 엄격해야만 한다.

2. 남들의 박수에 현혹되지 마라

박수를 다른 말로 하면 '인기' 쯤 될 것이다. 인기는 사람을 살릴 수도 있지만 죽이기도 한다. 사람들이 나한테 박수를 보내면 자만심이 생긴다. 자만심은 자신을 엄격하게 바라보지 못하게 하고 나태를 조장한다. 결국 사람은 인기 때문에 실패하고 죽을 수도 있는 것이다.

3. 스스로에게 양보하지 마라

우리는 자주 자신과 타협한다. 그리고 양보하기를 반복한다. 아침에 알람을 들으면서 일어날까 아니면 5분만 더 잠을 잘까 고민하다가 타협하고는 다시 잠든다. 이렇게 타협하고 양보하다 보면 어떻게 될까? 결과는 하루 종일 잠들게 된다는 것이다.

4. 약속시간을 지켜라

다른 사람과의 약속시간을 지키는 것은 자신에게 엄격함을 지키는 기본이다. 다른 사람과의 약속도 지키지 않는 사람이 자신과의 약속을 지킬 리 만무하다. 다른 사람과의 약속을 지키지 않으면 도덕적으로 비난받지만 자신과의 약속을 지키지 않으면 아무런 제재가 없다. 그러니 자신과의 약속을 시키기 위해서 먼저 다른 사람과의 약속을 철저히 지켜나가는 연습을 해야 한다.

5. 다른 사람은 용서하라. 그러나…

다른 사람의 실수나 잘못은 용서하되 자신의 과오는 용서하지 마라. 남의 잘못은 웃으며 넘기되 자신의 잘못은 곱씹어야 한다. 남의 잘못을 용서했으니 나의 실수도 용서하자고 해서는 절대 안 된다. 나는 그가 아니다. 남의 실수를 용서해야 하는 것은 용서 이외에 다른 방법이 없기 때문이다. 나의 잘못에 대해서는 용서 말고도 다른 방법들이 있지 않은가. 그것은 바로 다른 사람들에게 내 자신의 잘못에 대해 용서를 비는 것이다.

20

다른 사람에게
가치 있는 사람이 되라

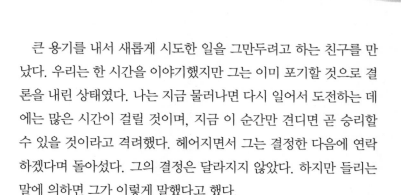

예술적 작품을 창조하기 위해서는
힘이 있어야 하는데
거기에 사랑보다 더 큰 영향력을
가지는 것은 없다.
－스트라빈스키

큰 용기를 내서 새롭게 시도한 일을 그만두려고 하는 친구를 만났다. 우리는 한 시간을 이야기했지만 그는 이미 포기할 것으로 결론을 내린 상태였다. 나는 지금 물러나면 다시 일어서 도전하는 데에는 많은 시간이 걸릴 것이며, 지금 이 순간만 견디면 곧 승리할 수 있을 것이라고 격려했다. 헤어지면서 그는 결정한 다음에 연락하겠다며 돌아섰다. 그의 결정은 달라지지 않았다. 하지만 들리는 말에 의하면 그가 이렇게 말했다고 했다.

"그와 이야기하고 나서 병원에서 링거를 맞은 것처럼 해보겠다는 의지가 살아났어. 하지만 이미 결론을 내려버렸기 때문에 포기하기로 했어. 나는 그처럼 되었으면 좋겠다는 생각을 했지."

자신에게 질문을 해보는 것은 여러 가지로 유익하다. 자신에게 다양한 질문을 하는 사람은 자기에 대해 잘 알게 되고 인생의 보다 중요한 부분에 대해 생각할 기회를 얻을 수 있다.

'오늘 내가 화를 낸 것은 지나친 게 아닐까?'

'좀더 알차게 하루를 보내기 위해서는 어떻게 해야 할까?'

'내가 과연 동료들보다 빨리 승진할 수 있는 자격이 있을까?'

이런 질문들을 던지면서 생각해보는 것만으로도 스스로 겸손해진다. 솔직한 자기 모습을 보고 머리 숙이지 않을 사람은 드물다.

살아가면서 '나는 다른 사람들에게 어떤 의미를 주고 있는가?' 라는 질문을 던져볼 필요가 있다. 이것은 내가 다른 사람들에게 '저 사람은 나에게 꼭 필요한 사람이다.' 혹은 '괜찮은 사람이니까 배워보자'고 하는 필요와 존경의 대상인가를 생각해보게끔 한다. 그리고 이 질문에 대한 답이 만족스럽지 못할 때 우리는 무너져 내리는 자신을 지켜보게 될 것이다.

인생을 값지게 사는 방법은 자기 자신이 살아가는 이유가 분명할 때 얻을 수 있다. 자신의 뜻을 이루기 위해 순간의 이익이나 불리한 상황을 잊고 무엇인가에 깊이 몰두할 때 우리는 비로소 행복한 삶을 이룰 수 있는 것이다.

경영학의 아버지라고 불리는 피터 드러커가 13살 되던 해, 필리글러라는 신부가 종교 시간에 들어와서 학생들에게 이런 질문을 던졌다고 한다.

"너희들은 죽은 뒤에 자신이 어떤 사람으로 기억되기를 바라느냐?"

아무도 대답하는 학생들이 없자 그 신부는 이렇게 말했다.

"나는 너희들이 이 물음에 답할 것이라고 기대하지 않는다. 하지만 너희들이 50세가 될 때까지도 여전히 이 질문에 대답할 수 없다면 그 사람은 인생을 잘못 살았다고 봐야 할 것이다."

그 후 피터 드러커는 고등학교 동창회에서 친구들을 만나 필리글러 신부를 떠올리며 옛날을 회상하곤 했는데, 그의 동창들 또한 그때 신부의 이야기가 자신들의 인생을 크게 바꾸어놓았다고 말했다고 한다.

여행을 하면서 재미있게 다녀와야지 하는 생각만으로는 행복할 수 없다. 여행이 어떤 의미를 남기고 그것이 자신과 세상의 발전을 위해 도움이 되는 것일 때 우리는 행복을 경험한다.

사람이라는 여행에서 죽음의 순간에 이르러 자기 삶을 '괜찮은 것'이라고 느낄 수 있으려면 어떻게 해야 할까. 그러려면 나를 위한 삶보다도 내가 사랑하는 사람들을 위해 살아야 하는 것은 아닐까?

다른 사람에게 어떤 의미를 주지 못하는 존재는 혼자 서 있을 수 없다. 즉 존재할 수 없다. 내가 다른 사람들에게 괜찮은 사람, 만족을 주는 사람, 이 세상에 꼭 필요한 사람으로 존재하고 있어야만 생존의 가치가 있는 것이다.

지금 당신에게 질문을 던져보자.

"나는 다른 사람들에게 어떤 의미가 있을까?"

Skill of Life

가치 있는 사람이 되는 방법

1. 봉사활동을 하라

특별한 기회가 주어지지 않는다면, 일상에 쫓기는 사람들이 사회 봉사활동을 하는 것은 쉽지 않다. 봉사활동을 어렵게 생각하지 말고 생활 속에서 봉사를 실현해보자. 회사에서 휴지 하나를 줍는 일이나 아침에 커피 한잔을 돌리는 일들은 충분히 가치 있는 봉사활동이다. 쉬우면서도 가치 있는 봉사활동은 주위에 얼마든지 있다.

2. 가정적인 사람이 되라

가정적인 사람이야말로 가치 있는 사람이다. 다음 세대를 이끌어 갈 아이들의 교육에 충실하고, 결손가정을 만들지 않을 정도로 충분히 가족을 배려한다면 그것만으로도 훌륭한 사람이다. 게다가 가정의 평화와 안정은 회사 일에 대한 높은 집중도를 유지하고 자기 발전에도 더욱 매진할 여유를 제공한다. 가정적인 사람이야말로 진정으로 생산적인 사람이다.

3. 유머를 즐겨라

오늘 회사 내 메일로 유머 하나를 보내보자. 모든 사람들이 보고 웃을 수 있는 재미있는 내용이면 된다. 그것을 기회로 사람들은 한번 웃을 것이고 당신은 딱딱한 일상에 웃음을 남기는 괜찮은 사람이 될 것이다. 하지만 너무 자주 하지는 말자. 일은 안 하고 노는 사람으로 보이는 것은 곤란하다.

4. 질서를 지켜라

새로운 것을 만들어내는 사람만이 가치 있는 사람은 아니다. 기본적인 것이 지켜지지 않는 사회에서 그것을 지켜내는 사람 또한 충분히 가치 있다. 교통질서, 사내질서, 가정에서의 기본적인 질서를 지켜내자.

가치 있는 사람이 되는 방법
1. 봉사활동을 하라
2. 가정적인 사람이 되라
3. 유머를 즐겨라
4. 질서를 지켜라

3부

배우지 않으면 성공은 없다

배우지 않으면 성공은 없다

21

적당한 실력을 길러라

가난한 사람의 충고는
잘 받아들여지지 않는다.
— 세르반테스

나는 피곤하면 입술이 자주 터진다. 입술이 터지고 갈라진 모습을 보면 사람들은 너무 열심히 하지 말라거나 좀 쉬었다가 하라며 위로한다. 밤 잠 안 자고 TV 보다가 피곤해서 그런 것일 때는 미안하다는 생각이 들기도 한다.

아이들은 면역성이 약하다. 그래서 감기, 장염, 폐렴 같은 질병에 잘 걸린다. 성인들은 여러 번 병을 앓아본 탓에 강한 면역성이 생겨서 쉽게 질병에 걸리지 않는다. 병균도 자신이 이길 수 있는 상대와 그렇지 않은 상대를 구별하여 침투한다.

회사 일이 집중되는 곳은 젊은 사람, 마음 약한 사람, 즉 힘없는 사람들이다. 신입사원들에게는 선배들이 하기 싫은 자질구레한 일들이 맡겨진다. 거기다가 선배들이 하는 만큼의 실적을 낼 것까지 강요받는다. 마음이 약해서 다른 사람의 부탁이나 회사의 지시를 거절하지 못하는 사람에게는 필요 이상의 일들이 몰린다. 여러 모로 힘없고 빽 없는 사람은 견디기 힘든 세상이다.

세상은 약한 사람들을 만만하게 보는 경향이 있다. 한두 번 당해본 사람들은 실감할 것이다. 힘이 없어서 당한다고 생각하니 당연히 힘을 갈망하게 된다. 나의 든든한 빽이 되어줄 사람이 한 사람이라도 있었으면 좋겠다는 생각을 해보지 않은 직장인은 드물 것이다. 자신이 보다 강한 인간이 아니라는 것이 슬퍼지기도 할 것이다.

힘이 있어야 한다. 힘이 있는 사람을 세상은 돕는다. 강한 힘이 아니라 적절한 힘, 자기를 균형 잡을 수 있는 힘이 필요하다. 어느 사장이 밀어준다든가, CPA 자격증을 가졌다든가, 일류대학 출신이라든가 하는 무언가에 의존하는 힘이 아니라 자기 자신의 균형을 잡을 수 있는 힘이 중요하다.

비슷한 시기에 대학을 같이 다닌 동기들과 선후배들이 모여 따로 동문회가 만들어졌을 때 나는 가끔 특별한 일이 없을 때만 참가하는 아웃사이더가 되었다. 그러다 시간이 흘러 내가 총무가 되었을 때, 나는 주인의식을 가지고 동문회를 바라보게 되었고 회원들을 바라보는 시각도 예전과는 달라졌다. 그들의 일상이 궁금해지기 시작했고 그들이 서로 연결되어 삶의 의미를 충분히 나눌 기회를 만들도록 최선을 다해 도우려 했다. 그러자 친구들이 많아졌고 관계도 예전과는 전혀 다른 모습으로 변했다.

주도성은 목적의식과 기술의 결합이다. 주도성을 갖추기 위해서는 먼저 자신의 분야에 대한 전문지식과 기술이 있어야 한다. 그것도 일반적인 이해의 수준을 넘어선 자신만의 지식이나 독특한 안목이 있어야 한다. 전문기술도 없이 남들이 하니까 따라서 한다는 식으로는 어떤 일도 주도할 수 없으며 설사 먼저 시작했다 하더라도 곧 다른 사람에게 주도권을 넘겨주게 될 것이다. 전문기술이 없으면 참여하고 싶다는 생각도 들지 않는다.

전문기술과 함께 목적의식적으로 무엇인가를 해보려 노력이 있어야 한다. 가만히 앉아서 나는 실력이 있으니까 언젠가는 기회가 오겠지 생각만 해서는 결코 주도성을 갖출 수 없다. 주도성은 끊임없이 움직이면서 세상을 관찰하고 자신의 능력을 세상에 빗대어보면서 기회의 시기를 고심해야만 한다. 그리고 곧 행동으로 옮겨야만 얻을 수 있다. 목적의식을 갖고 스스로 행동하지 않는 한 어떤 경우에도 주도성을 획득할 수는 없다.

적당한 실력을 기르면 주도성을 획득하는 데 도움이 된다. 전문기술이 생기면 용기를 낼 수 있다. 자기 업무에 대한 전문적인 능력, 세상에 대한 기본적인 가치관, 싫은 것은 싫다고 말할 수 있는 용기, 실수에 대해 웃으며 넘어갈 수 있는 자신감 같은 것들이 필요하다. 이런 균형을 갖춘 사람들은 강한 면역력이 있기 때문에 다른 사람들이 하는 부정적인 말에 영향을 받지 않는다. 회사에서도 적합한 일을 시킬 뿐 사소하고 무의미한 일들을 억지도 떠맡기려 하지 않는다. 회사도 그의 균형상태를 알기 때문이다. 따라서 적당한 실력을 갖춘 사람들은 자신을 위해 투자할 시간과 기회를 보다 많이 확보할 수 있다.

　당신의 상황을 판단해보자. 회사와 주위 사람들이 당신에게 어떤 업무를 주거나 부탁하는 것을 어려워하는 편인가? 아니면 쉽게 이것저것을 주문하는 편인가? 어려워한다고 해서 결코 좋아할 일은 아니다. 먼저 그들은 당신이 고집이 세기 때문에 부탁해봤자 아무 소용없다고 생각하거나, 무능력하기 때문에 도와줄 수 없으리라고 느끼는 것은 아닌지 생각해봐야 한다.

　스스로 균형 잡히고 강한 사람에게는 세상이 굽히고 들어온다. 하지만 실력 없고 자기 자신을 약한 자라고 생각하는 사람에게 세상은 인정사정 봐주지 않는다.

Skill of Life

남들이 무시하지 못하도록 하는 방법

1. 당당하라

당당해야 한다. 당당한 사람 앞에서는 기가 죽는 것이 당당하지 않은 사람들의 특징이다. 물론 당당하기 위해서는 솔직해야 한다. 솔직하게 말하고 당당하게 내세우는 것이다. 남들이 당신을 무시하는 이유는 남을 딛고 올라서야만 스스로를 증명할 수 있다고 생각하기 때문이다. 그들은 딛고 올라서지 못할 것이라는 생각이 들면 아예 포기해버린다. 당당함은 그들에게 당신을 큰 산으로 보이게 할 것이다. 당당할 수 있다면 아무도 당신을 무시하거나 자신의 일을 떠넘기려고 하지 않을 것이다.

2. 말을 많이 하지 마라

말을 많이 하는 사람은 가벼워 보인다. 사람들은 가벼워 보이는 사람은 만만하게 생각한다. 말을 많이 하면 실수를 하거나 약점을 드러내게 된다. 안 해도 되는 말을 해서 스스로를 약한 사람으로 만들 이유는 없다. 말을 아껴라. 억지스런 대답 대신 미소로 답하라. 핵심적인 말을 하도록 노력하라.

3. 하나를 해도 제대로 해라

실력 있는 사람도 여러 일을 하다 보면 실수하거나 대충대충 처리하는 경우가 생긴다. 하지만 사람들은 하나를 가지고 모든 것을 평가하곤 하기 때문에 하나가 잘못되었어도 모든 것이 잘못되었다고 생각한다. 일을 제대로 해야 한다. 그래야 당당해지고 주장을 펼칠 수 있다. 바쁘다는 이유로 대충 넘어가다가는 다른 사람들이 당신을 대충 이용하려 들 것이다.

4. 전체적인 틀에서 말하라

전체적인 관점을 가지는 것은 중요한 명분을 제공한다. TV 사극을 보면 대의명분이라는 말이 자주 등장하는데, 행동에는 반드시 명분이 있어야만 따르는 사람들이 생기고 여론도 긍정적으로 형성되는 법이다. 대의명분을 얻기 위해서는 전체적인 관점에서 말해야 한다. 개인이나 팀의 이기심이 아니라 회사와 가족, 혹은 인류의 행복이라는 보다 거시적인 관점을 가지면 도덕성과 배려심, 인격을 겸비한 괜찮은 사람이 될 수 있다. 그러면 사람들이 당신을 따를 것이고 그것은 곧 힘이 된다.

남들이 무시하지 못하도록 하는 방법
1. 당당하라
2. 말을 많이 하지 마라
3. 하나를 해도 제대로 해라
4. 전체적인 틀에서 말하라

22

모르는 것을
부끄러워하지 마라

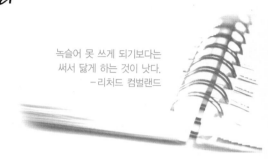

녹슬어 못 쓰게 되기보다는
써서 닳게 하는 것이 낫다.
─리처드 컴벌랜드

전설적인 홈런왕 베이브 루스를 알 것이다. 통산 714개의 홈런을 쳤고 2,212타점을 기록했다. 그는 타자로서뿐만 아니라 투수로서도 빼어난 기질을 보였는데 94승 46패를 기록했고 방어율도 한 게임에서 2점 이상을 빼앗기는 일이 드물었다. 그런데 이런 화려한 기록에도 불구하고 우리가 잊고 있는 것이 있다. 그의 삼진기록이다. 그는 홈런수의 두 배에 가까운 1,330번의 삼진을 기록했다.

하지만 그는 한번도 자신의 삼진기록을 부끄러워한 적이 없다고 한다. 공을 배트에 갖다 맞추는 정도로는 홈런을 칠 수 없다. 자신의 힘을 배트에 집중시켜서 온 힘을 다해야 홈런을 칠 수 있다. 그렇게 힘껏 스윙을 하다 보면 삼진은 자연스럽게 따라다니게 된다.

삼진의 숫자가 많을수록 홈런도 많아지는 것이다.

그가 삼진당할 것을 두려워해서 배트를 힘껏 휘두르지 못했다면 어떻게 되었을까? 전설적인 홈런 기록은 물론이고 평범한 야구선수로서의 생명마저 유지하기 어려웠을 것이다.

무엇인가를 배우는 데 있어서도 홈런과 삼진의 관계는 똑같이 적용된다. 배우기를 수없이 시도하다 보면 배울 수 있는 것도 많아지는 법이다. 게다가 자신이 모른다는 것이 부끄러워 배우기에 적극적인 모습을 보이지 않으면 정말 배울 수 있는 기회는 없어지고 만다.

모르는 것을 모른다고 하는 사람은 쉽게 배울 수 있는 사람이다. 자신에게 솔직하면 배움은 당당해지고 남들이 보는 앞에서 공부할 수 있다. 하지만 모르는 것을 아는 것처럼 행동하는 사람들에게는 배움의 기회가 많지 않다. 기회가 찾아오더라도 다른 사람들의 눈을 의식하기 때문에 아는 척하느라 배울 기회를 잃어버리는 것이다.

그런 사람들에게 도움이 될 만한 말이 있다.

"모든 것을 다 알고 있을 필요는 없다. 당신의 전문적인 분야에서 다른 사람보다 뛰어난 지식을 가지기만 하면 된다."

그리고 이 말도 덧붙이고 싶다.

"세상 사람들은 당신이 생각하는 것만큼 당신에게 관심이 없다. 아니 사람들은 당신의 말이나 행동에는 전혀 관심이 없다. 당신은 그냥 스쳐 지나가는 바람과 같은 존재일 뿐이다. 오직 당신 혼자만이 당신의 말과 행동에 관심을 가지고 있다."

이것은 당신이 다른 사람의 말과 행동에 대해 얼마나 관심이 있는가를 살펴보면 쉽게 알 수 있다. 다른 사람의 말이나 행동을 오래 기억하고 있는 사람은 별로 없다. 남의 눈을 의식하는 것은 오직 자신의 마음에서 일어나는 것일 뿐이다.

모르는 것을 부끄러워해서는 안 된다. 모르는 것을 아는 것처럼 말하다가 자칫 들키기라도 하는 날이면 큰일이 아닌가. 그냥 모른다고 말하자. 마음이 훨씬 편해질 것이다. 지구를 혼자 어깨에 짊어진 아틀라스처럼 모든 것을 다 책임지고 알아야 하는 것은 아니다. 모르는 것이 부끄러운 게 아니라 배우지 않으려는 마음이 부끄러운 것이다.

장자는 이렇게 말했다.

"지혜란 무엇인가? 상자를 열고 주머니를 뒤지고 궤를 여는 도둑을 막기 위하여 사람들은 끈으로 단단히 묶고 자물쇠를 채운다. 그러나 큰 도둑은 궤를 훔칠 때 통째로 둘러메고 가면서 자물쇠가 튼튼하지 않을까 걱정한다. 세속의 지혜란 이처럼 큰 도둑을 위해 재물을 모아두는 것과 같다."

자존심을 지켜내기 위해 모르는 것을 안다고 말하는 것은 큰 도둑을 위해 재물을 모아두는 것과 무엇이 다른가? 다른 사람들에게 부끄럽지 않고 싶다는 자존심은 우리에게 진리를 배우고 익힐 수 있는 기회를 빼앗아가는 큰 도둑과 같다.

Skill of Life

진정한 자존심을 되찾는 방법

1. 순간에 용감하라

당신이 부족함을 드러내야만 하는 그 순간, 용감해야 한다. 그래야 모르는 것을 모른다고 말할 수 있다. 명심하자. 그 순간이 중요하다.

2. 진정한 자존심은 마음의 상태임을 명심하라

진정한 자존심은 지식의 수준이나 권위가 아니라 그의 마음속 상태를 말한다. 상대방에 대한 존중, 진리에 대한 사랑 같은 것이 진정한 자존심이다. 그것을 잃으면 마음의 균형이 무너진다. 순간에 용감하기 위해서는 평소에 존중과 사랑의 감정을 키워야 한다.

3. 유머를 사용하라

부정적인 답을 할 수밖에 없는 순간에 유머를 활용하라. 유머가 익숙하지 않으면 부정적인 과장어법을 사용하라. 수영할 수 없다는 사실을 말할 때에는 "나는 물 속에서 1미터만 가면 바다가 나는 사랑한다는 걸 느껴!" 혹은 "바다가 너무 좋아서 물만 보면 가라앉고 싶어져!"라고 말하는 것이다. 듣는 사람들도 좋아하고, 당신도 순간의 부족함을 능청스럽게 넘길 수 있다.

4. 생각한 다음에 답하라

모르는 문제에 대해 질문을 받았을 때, 바로 답하지 말고 먼저 생각하라. 상대방에게 양해를 구한 다음 생각을 하다 보면 자연스럽게 답이 나오는 경우가 많다. 단순한 역사적 사실에 관한 내용들은 쉽사리 생각해낼 수 없겠지만, 사람과 관련된 문제들은 잘 생각해보면 자기만의 답들이 있게 마련이다. 그것을 말해주면 된다.

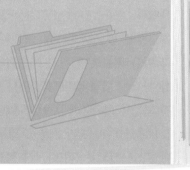

진정한 자존심을 되찾는 방법
1. 순간에 용감하라
2. 진정한 자존심은 마음의 상태임을 명심하라
3. 유머를 사용하라
4. 생각한 다음에 답하라

23

배우려는 자세를 가져라

남들로부터 칭찬을 바란다면
자기의 좋은 점을 늘어놓지 말라.
—파스칼

배움의 즐거움만큼 가슴 뿌듯한 것도 찾기 힘들다. 세상의 진리를 발견하고 탄성을 지를 때, 평소에는 지나치던 사물들에서 존귀함을 발견했을 때, 아이들의 웃음소리에서 자기 삶의 지향점을 발견하고 미소 지을 때, 그 순간이 바로 앎의 기쁨이요 학문의 즐거움이다.

사람은 배움을 멈추는 순간부터 곧바로 퇴화한다. 정신이 녹슬고 마음의 문은 닫히고 보수적인 관점을 끝까지 고수하면서 딱딱한 사고에 물들고 마는 것이다. 그렇게 시간이 몇 년씩 흐르고 나면 모두들 그와는 상종할 수 없다고 느끼게 된다.

삶을 살아가는 가장 좋은 태도 중 하나는 바로 배우려는 정신이다. 다른 사람들로부터 배우려는 정신이야말로 좋은 관계를 만들어내고 훌륭한 인생을 사는 보장된 방법이다. 배우려는 정신을 가진 사람은 점점 깊이가 더해지는 인생을 살 수밖에 없다. 아는 것이 많은 사람보다 배우려고 하는 사람에게서 더 많은 것을 배울 수 있다. 행동의 결과보다 행동하려는 마음에서 배울 수 있기 때문이다. 배움이란 움직이는 것이다.

배울 수 있는 정신을 유지하기 위해서는 항상 열려 있어야 한다. 내가 생각을 항상 열어두기 위해서 사용하는 다섯 가지 방법을 소개해보겠다.

첫 번째, 다른 사람의 말을 듣고서 먼저 반론을 제기하려고 하지 않는 것이다. 사람들은 자기 생각과 다른 부분을 발견하면 곧장 반론을 펴기 위해 근거를 찾으려 한다. 하지만 나의 생각과 다른 생각일 뿐 그것이 틀리다는 보장은 없지 않은가. 먼저 그 생각이 올바른 것인지를 판단해보아야 한다. 그런 시간을 확보해야 한다. 반론은 다른 사람들의 이야기를 충분히 들어보거나 조사를 거친 후에 해도 늦지 않다.

두 번째, 아이들과 친하게 지내는 것이다. 나이가 들면 아이들과의 대화가 단절된다. 아이들이 물어오는 뻔한 질문들이 귀찮은 것이다. 그러나 아이들의 물음 속에는 아주 신선한 생각들이 숨어 있다. 나는 아이들의 물음에 답하면서 교과서나 사회에서 배운 생각이 아닌 다양한 답들을 찾아보려고 노력한다. 그러다 보면 자연스럽게 아이들과 친해지고 생각하지도 못했던 창의적인 아이디어들이 떠오른다. 아이들은 창의성의 보고(寶庫)다.

세 번째, 항상 책을 가까이 해야 한다. 책은 가까이 두면 읽게 되어 있다. 책을 가까이 두면 틈틈이 손이 간다. 이때 읽은 한 줄의 문장이 삶을 자극하고 나를 끌어올리는 계기가 되는 경험들을 수없이 해왔다. 평생을 배우는 자세로 사는 사람들을 살펴보면 모두 책을 가까이 한다. 책과 대화를 통해 스스로를 발전시키고 세상에 기여할 수 있는 동인을 얻어낸 것이다.

네 번째, 다양한 사회적 프로그램을 활용하는 것이다. TV를 볼 때에도 교육방송 같은 유익한 프로그램을 즐겨 보면 정리된 지식들을 얻을 수 있고, 인근 대학에 있는 평생교육원이나 사회교육원을 이용하면 싼 비용에 실용적인 강좌를 많이 들을 수 있다. 게다가 요즘은 인터넷을 통한 강좌와 검색 엔진을 통해서도 수많은 지식들을 얻을 수 있다. 방법은 많은데 우리가 활용하지 못하고 있을 뿐이다.

다섯 번째는 사람들에게 '나는 평생 동안 배우려고 노력하는 사람' 이라는 이미지를 심어주는 것이다. 평소에 말할 때에도 배우려는 열정이 강한 사람처럼 표현하고, 토론을 할 때에도 배움이라는 키워드를 가지고 말을 하다 보면 주위 사람들이 나를 '배우는 사람' 으로 인식할 것이다. 동시에 '나는 학습형 인간' 이라는 자연스러운 모습이 몸에 배게 된다. 사람에게는 남들에게 말한 것을 실천하려고 노력하는 습성이 있다.

반면에 배우려는 자세를 유지하기 위해서는 버려야 할 것이 꼭 하나 있다. 그것은 바로 흑백논리다. 흑백논리로는 배울 수 있는 것이 없다. 흑백논리는 대립의 논리지 상생과 화합의 논리가 아니다. 흑백논리는 미리 옳은 것과 그른 것, 혹은 좋은 것과 나쁜 것을 구별해놓고 그 다음에 접근한다. '좋으면 좋다, 싫으면 싫다' 고 딱 잘라서 말할 수 있는 것이 도대체 세상에 몇 개나 될까? 그럼에도 우리는 좋음과 싫음을 지나치게 구별하려고 한다. 그래서는 아무리 훌륭하게 분석한다고 해도 배울 게 없을 것이다. 있는 그대로를 보고 있는 그대로를 느낄 수 있도록 기존의 생각을 초기화하려는 노력을 게을리 하지 말아야 한다.

세상 사람들의 숫자만큼 존재하는 옳고 그름의 판단 앞에서, 잠시 그 판단을 유보하고 세상의 모든 것들로부터 배운다는 마음을 갖는다면 옳고 그름은 중요하지 않음을 깨닫게 될 것이다. 당신은 틀리고 나는 옳다는 생각에서 벗어나야 진정으로 배울 수 있으며 건전한 관계를 형성할 수 있다.

배우려는 마음가짐은 자신을 생산적으로 발전시키는 아주 훌륭한 자세임에 틀림없다.

Skill of Life
배움의 자세를 오래 유지하는 비결

1. 학교, 학원을 다녀라

대학을 졸업했다고 학교를 그만둬서는 안 된다. 우리 주위에는 대학원, 영어학원, 컴퓨터학원, 사회교육원 등을 비롯한 수많은 학교와 학원들이 있다. 야간대학을 다녀도 좋고 새벽에 학원을 다녀보는 것도 좋다. 요즘은 인터넷 강의도 활발하다. 배움의 장을 하나 정도는 항상 가지고 있어야 한다. 그래야 배움과 멀어지지 않는다. 배움은 일상이다.

2. 처음처럼 행동하라

나는 '처음처럼' 이라는 말을 좋아한다. 많은 사람들이 한번 배우고 나면 모두 아는 것처럼 행동하려 한다. 실제로는 아무것도 모르면서 한번 들어봤다는 이유로 그것은 별것 아니라는 태도를 취한다. 그래서는 아무것도 배울 수 없다. '처음처럼' 이라는 말을 좌우명으로 삼고 항상 초보자이고 항상 배우는 입장에 있음을 잊지 말자.

3. 사람을 이용하라

주위에서 가장 배우기 좋은 도구는 바로 사람과 책이다. 특히 사람은 각자 개성이 다양하니 한 사물에 대해 제각기 다른 태도를 취하고 지식수준 또한 천차만별이다. 그들의 말을 잘 들어두면 살아 있는 지식을 쌓을 수 있다. 무엇보다 그들을 보면서 생산적인 질투를 느낄 수 있다. 생산적인 질투는 배우려는 열정을 키워나가게끔 해준다. 누구나 남들보다 좀더 잘하고 싶어 하는 법이다.

배움의 자세를 오래 유지하는 비결
1. 학교, 학원을 다녀라
2. 처음처럼 행동하라
3. 사람을 이용하라

24

프리젠테이션 능력을 길러라

환경, 나는 환경을 만든다.
-나폴레옹

　우리들이 하고 있는 일들의 대부분은 '말'과 관련되어 있다. 고객을 만나고, 업무협조를 구하고, 소개팅을 하고, 동창회에 참가하는 활동들이 모두 말이 빠지면 이루어질 수 없는 일들이다. 글이나 그림으로 대신 할 수 있는 일은 한계가 있다.

　옛말에 세 치 혀를 조심하라고 했다. 하지만 우리는 아직 세 치혀를 이용하는 방법을 잘 모르고 있다. 세 치 혀를 조심하라는 말은 혀를 이용하는 방법을 모르기 때문에 실수하게 된다는 의미일 것이다.

　어느 날 랍비가 자기 하인에게 시장에 가서 맛있는 음식을 골라 사오라고 시켰다. 그랬더니 하인은 혀를 사 왔다. 며칠 뒤 랍비는 또 하인에게 오늘은 좀 값이 싼 음식으로 사오라고 명했다. 그런데 하인은 또 혀를 사왔다.

랍비는 언짢아 그 까닭을 물었다.

"며칠 전 맛있는 것을 사오라 했을 때도 혀를 사왔는데, 오늘은 싼 음식을 사오라고 했는데 어째서 또 혀를 사왔느냐?"

그러자 하인은 이렇게 대답했다.

"좋은 것으로 치면 혀만큼 좋은 게 없고, 나쁜 것으로 치면 혀만큼 나쁜 것이 없기 때문입니다."

커뮤니케이션 능력, 특히 프리젠테이션 능력이야말로 사람이 살아가면서 갖추어야 할 필수적인 기술이다. 머리에 든 것은 많은데 자신의 생각을 과감하게 표현하지 못하는 사람들이 많다. 지식과 경험들로 가득 차 있지만 말하는 것에 익숙하지 않기 때문에 쉽게 입이 떨어지지 않고 표현 자체를 두려워한다.

혹시 남 앞에서 발표라도 하게 되면 너무나 긴장한 나머지 사시나무 떨듯 하고, 한두 번 그런 경험을 하고 나면 어떤 수단을 써서라도 그런 상황에 처하지 않으려 한다. 프리젠테이션이 두려워서 아프다는 핑계로 휴가를 내기까지 한다.

이런 상황들이 반복되면서 회의나 교육 같은 공식적인 자리에서까지 주눅이 들어 제 실력을 발휘하지 못하고 그저 그런 사람이라는 평가를 받게 된다. 능력은 있지만 눈에 보이지 않는 것이다. 그로 인해 할 수 있는 일이 극도로 제약될 수밖에 없다.

반면에 프리젠테이션에 익숙한 사람은 큰 힘을 가진 것이나 마찬가지다. 어떤 상황에서나 대중들 앞에서 자신의 생각을 표현할 수 있다는 자신감이야말로 자기를 강화시키고 세상을 긍정적으로 인식하여 일에 적극적일 수 있도록 해준다.

표현의 자유는 그 기술을 취득한 사람에게만 주어지는 자유라고 할 수 있다. 하지만 자유는 아무에게나 주어지지 않는다. 그만한 기술을 얻기 위해서는 떨림과 공포를 극복하고 부끄러운 자신을 세상에 드러내 보이는 기회를 자주 활용하는 방법밖에 없다. 회의실에서, 동창들과의 만남에서, 노래방에서, 회식자리에서 의식적으로 자신을 표현하도록 노력해야 한다. 처음에는 낯설고 부끄러울지 몰라도 내공이 쌓여가면서 언젠가는 물 흐르듯이 자유로운 스피치 기술을 얻을 수 있다.

표현력은 단어실력과 조합실력이다. 새로운 단어를 많이 알아야하며 다양한 표현방법들에 익숙해져야 한다. 그런 면에서 '시'를 읽고 외우는 것만큼 효과적인 표현훈련은 드물다. 시는 은유와 직유, 중의 역설 등의 다양한 기교적 사용과 함께 다채로운 단어들을 사용하고 있어 표현 공부에 그만한 자료가 없다. 물론 시를 읽은 후에 괜찮은 내용을 외우는 것이 좋다. 좋아하지도 않는 시를 외우는 것은 재미없는 일이다.

시는 또 다른 매력이 있다. 참선 든 스님이 잠시 졸다 큰스님의 죽비(竹扉)에 어깨를 맞고 정신이 번쩍 드는 느낌이랄까? 기존에 가진 생각들을 비틀어 보고 시간을 뛰어넘어 새 의미들을 찔러주는 일침들을 경험하는 것은 시라는 문학이 가진 최고의 매력일 것이다. 상품경제와 감성소비, 화려한 광고들에 갇힌 자본주의적 허구 속에서 자신의 진정성을 찾을 수 있는 자극제인 셈이다. 사람들이 정곡을 찌르는 표현들에 혹하는 이유는 그만큼 정신이 왜곡되어 있다는 반증은 아닐까?

　무엇인가를 아는 사람은 표현하고 싶어 하는 법이다. 자연스럽게 자기를 표현할 수 있게 될 때 우리는 삶의 질을 한층 높일 수 있다.

Skill of Life

효과적인 프리젠테이션 연습방법

1. 기록하고 외워라

좋은 말은 수첩에 적어두고 자주 읽어본다. 가능하다면 외우는 것이 좋다. 외우지 않으면 내 것이 되지 않는 법이다.

2. 너무 잘하려고 하지 마라

발표를 할 때 '잘해야 한다'는 강박관념에서 벗어나야 한다. 그러기 위해서는 발표를 남들보다 잘하려고 노력하지 말고 자기 생각을 무난히 전달하기 위해 노력해야 한다. 초보자는 듣는 사람의 눈을 보지 말고 청중 전체를 바라보는 것이 좋다.

3. 부담 없는 자리를 활용하라

회식이나 동창회 같은 술자리는 좋은 연습 기회다. 일부러 일어서서 '건배' 하자며 목소리를 높여 제의를 해본다. 당신은 프리젠테이션 연습을 해서 좋고, 참석자들은 분위기를 띄워주어서 좋아할 것이다.

4. 가족들을 활용하라

가족들이나 동네 아이들 같은 부담 없는 사람들 앞에서 자신의 의견을 효과적으로 전달하는 연습을 자주 해두자. 부담 없는 상태에서 연습해두지 않으면 정작 중요한 곳에서는 아무것도 할 수 없다.

5. 남들의 발표를 잘 들어라

다른 사람들이 발표할 때 잘 들어주면 도움이 된다. 그의 태도와 발성, 내용들을 잘 듣다 보면 상대방을 평가할 수도 있고 자신도 발전하게 된다. 발표를 들으면서 자신이 발표하는 모습을 상상하고 연습도 할 수 있다. 이것을 연상학습 효과라고 한다.

효과적인 프리젠테이션 연습방법
1. 기록하고 외워라
2. 너무 잘하려고 하지 마라
3. 부담 없는 자리를 활용하라
4. 가족들을 활용하라
5. 남들의 발표를 잘 들어라

25

배울 수 있는 시간은 따로 있다

사람들은 서로 자기 의견이 옳고
남의 의견은 옳지 않다고 한다.
또 남이 진리라 하는 것을
자기는 아니라고 우긴다.
—법구경

딸아이의 생일 파티 때, 딸아이는 자신이 받은 선물들을 꼭 쥐고는 다른 아이들이 가지고 놀지 못하게 했다. 딸아이의 이기적인 모습을 들킨 아빠는, "친구들이 준 장난감이니까 함께 가지고 놀아라." 하고 간청해보기도 하고 이유를 설명해주기도 하고 협박을 해보기도 했지만 소용없었다. 딸아이는 "상관없어요. 이것은 내 것이에요."라고 소리쳤고 아빠는 장난감을 완력으로 빼앗아서 다른 아이들에게 나누어주고 말았다.

스티븐 코비의 《성공하는 사람들의 7가지 습관》에 나오는 이야기다. 아빠는 다른 사람들의 시선에 신경이 쓰여, 딸아이의 마음상태보다 자신이 이기적인 딸아이의 아빠가 되어야 한다는 것에만 관심을 집중하게 된다. 윤리적인 이유와 합리적인 설득은 아무런 소용이 없었다. 아이가 충분히 준비되어 있지 않다면 부모의 가르침이 아무 소용 없으며 오히려 비판과 저항감만 낳을 뿐이다. 이 경험을 통해 스티븐 코비는 가르칠 수 있는 시간이 따로 있음을 알게 되었고, 아이들이 스스로의 아이덴티티를 가지도록 시간을 충분히 줄 수 있는 배려심이 필요하다고 말한다.

배울 수 있는 시간은 따로 있다. 배울 준비가 되어 있지 않은 사람에게 가르치는 것은 일종의 강요다. 자기 스스로 배움의 이유를 찾지 못한다면 상대방이 요구하거나 말하는 것이 모두 강요로 들릴 것이다. 그렇기 때문에 스스로가 학습의 이유를 찾아야 한다.

고층 아파트에 산 적이 있었다. 23층 아파트였는데 우리 집은 18층이었다.

아파트에 살면 편한 점도 많지만 불편한 점도 많다. 편한 것이라면 시간을 내서 집 주위를 청소할 필요가 없다는 점과 수시로 많은 사람들의 얼굴을 보면서 살 수 있다는 점이다. 불편한 점이라면 주차공간 문제로 옥신각신해야 하고 쓰레기 재활용 같은 공통된 관리업무에 참여해야 한다는 것이다.

내게는 이런 불편한 점 외에 한 가지가 더 있었다. 그것은 바로 엘리베이터였다. 나뿐만 아니라 대부분의 사람들이 그럴 것이다. 사람들은 엘리베이터를 두려워한다. 고소공포증이 있기 때문이 아니라 잘 모르는 사람들과 좁은 공간에 갇혀 있어야 하는 어색한 시간을 견디지 못하기 때문이다.

엘리베이터를 타는 사람들을 보면서 발견한 게 있다. 그들은 엘리베이터를 타면 비슷한 행동을 반복한다. 잘 모르거나 알지만 인사하기는 서먹서먹한 사람들과 같이 타면 제일 먼저 쳐다보는 곳이 있다. 바로 자기 휴대폰이다. 어색한 분위기를 해소하기 위해 아무 이유도 없이 휴대폰을 꺼내서 시간을 보내려 한다. 하지만 이것도 몇 초여서 18층까지 올라가는 시간 내내 휴대폰만 만지작거릴 수는 없다. 곧 휴대폰을 만지는 것을 멈추고는 시선을 정면의 숫자판으로 옮긴다. 엘리베이터가 몇 층으로 움직이고 있는지를 살펴보는 것이다. 그 다음은 자기 발끝을 본다. 괜히 신발을 비비기도 하고 발목을 비틀어 운동을 해보기도 한다. 때로는 거울을 보기도 한다. 요즘 엘리베이터는 온통 거울로 도배가 되어 있어서 자기를 관찰하기에 좋은 장소이다. 거울을 통해 자기를 보는 것인지 다른 사람의 눈치를 보는 것인지는 알 수 없지만 거울은 어색한 시간을 보내는 좋은 도구인 것 같다.

이런 분위기에서 목적지에 도달할 때 들리는 '땡' 소리는 초등학교 수업시간이 끝날 때 들었던 종소리처럼 구세주의 목소리 같다. 문이 열리자마자 뛰어내려서는 열쇠를 들고 자기 집 문으로 달려간다.

어느 날은 출근하려고 엘리베이터를 탔는데 낯선 모녀를 만났다. 내 나이 또래쯤 되어 보이는 엄마와 아이가 손을 잡고 서 있었던 것이다. 아이의 엄마라고는 하지만 '남녀 칠세가 부동하다'고 배운 나에게는 아주 부담스러운 상황이었다. 게다가 18층에서 1층까지 내려오는 시간은 얼마나 긴가!

긴 침묵의 시간을 견디지 못하고 나는 새로운 시도를 하기로 결심했다. 감히 엄마에게는 말을 건네지 못하고 아이에게 물었다.

"몇 살이니?"

아이는 대답 대신 엄마를 쳐다봤다. 그러자 엄마가 말했다.

"5살이에요, 해야지."

"예쁘게 생겼네. 이름이 뭐니?"

아이가 말했다.

"몰라요."

아이의 불성실한 답변에 약간 실망했다. 그리고 당황스러웠다. 버릇없는 녀석을 혼내줘야 하나 아니면 이름도 모른다고 핀잔을 줘야 하나 고민이었다. 잠시 괜히 말을 건넸다고 생각했다. 그때 문제가 생겼다. 아이의 엄마가 아이가 버릇이 없다며 엉덩이를 툭 때린 것이었다. 아이는 황당한 듯한 표정을 짓더니 갑자기 울기 시작했다. 나는 당황스러웠고 문이 열리자마자 바쁘다는 듯이 곧장 뛰어나갔다.

위기를 모면하고 나서 모녀의 입장에서 생각해보았다. 아마 아이의 어머니도 좁은 공간에서 나와 같이 있는 것이 불편했을 것인데 아이가 대답을 엉뚱하게 하자 화가 났으리라. 엄마에게 엉덩이를 맞아도 아이는 아무것도 배우지 못할 것이 분명하다.

좋은 스승은 제자가 어떤 것을 배울 시기가 언제인지를 잘 아는 사람이다. 또한 그 시기가 찾아올 수 있도록 분위기를 맞추어주고 기회를 제공하려고 애쓰는 사람이다. 화가 나거나 일이 자기 뜻대로 풀리지 않으면 사람들은 상대가 배울 수 있는 시기가 아니라는 사실을 미처 생각지 못한다. 화가 나 있는 순간은 자기 또한 배우거나 가르칠 상황이 아니라는 사실을 잊어버린다. 감정적으로 충돌이 있었던 두 사람은 시간이 지난 후 더 가까워진다. 시간이 그들이 배울 수 있는 곳으로 안내했기 때문이다.

배울 수 있는 시기가 정해져 있음에도 우리는 상대방에게 배울 것을 강요한다. 그러면서 감정적으로 지쳐간다. 서로 부담을 주고 오해하며 증오를 증폭시킨다. '문제아의 문제는 문제아의 부모의 문제'라는 말이 있다. 준비되지 않은 학습자에게 학습을 강요하는 것은 일종의 고문이다. 아이들이 성장할 수 있도록 기다리는 것이 사랑의 진정한 모습이다.

나를 가르친 것은 학교가 아니라 세상이었고 시간이었다. 친구, 부모, 동료, 책을 통해서 생활을 통해서 배웠다. 우리의 스승은 학교가 아니라 생활 속의 존재들이다.

Skill of Life

사람을 가르치는 좋은 방법

1. 시간을 주라

선생님이나 부모, 상사의 입장에서 보면 학생들, 아이들, 부하직원들이 빨리 성장하고 실력을 발휘할 수 있으면 좋겠다는 희망이 생긴다. 그러나 배움에는 시간이 필요한 법이다. 아이들이 걷기 위해서는 수백 번을 시도하고 실패해서 결국 두발로 걷게 된다. 족히 일년이 걸리지 않는가. 훌륭한 스승은 기다림을 즐길 수 있는 사람이다.

2. 동기를 주라

답이 아니라 동기를 알려주어야 한다. 답을 알려주는 것은 쉽다. 초보 스승들은 자신이 모른다는 것이 부끄럽고 제자들이 내 지식을 인정해주기를 원하기 때문에 쉽게 답을 말한다. 그것은 스승의 허위의식일 뿐이다. 제자들에게 필요한 것은 배움에 재미를 붙일 만한 동기다. 공부하고 싶어 하는 마음을 불러일으키면 굳이 답을 알려줄 필요도 없다.

3. 모범이 되자

책을 읽는 부모 밑에서 자란 아이들은 모두 책을 좋아한다. 부모들을 지켜보면서 자연스럽게 익혔기 때문이다. 아이들이 부모의 품에서 자라는 기간은 최소한 20년 이상이다. 당연히 아이들은 부모로부터 가장 큰 영향을 받는다. 가르치려고 하기 전에 배우려는 모습을 보여주면 자연스럽게 가르치는 것이 된다.

사람을 가르치는 좋은 방법
1. 시간을 주라
2. 동기를 주라
3. 모범이 되자

26

자기에게 맞는 학습방법을 찾아라

현자는 모든 것에 감탄하는 사람이다.
— 앙드레 지드

　사람마다 배우는 방식이 다르다. 어떤 방법은 효과적이고 어떤 방법은 재미도 없고 효과도 떨어진다. 아쉽게도 우리는 자신이 어떤 방법으로 배우는 것이 효과적인지를 잘 알지 못한다.

　초등학교 때 가장 학생수가 많았던 때는 한 반에 64명이었다. 교사 혼자가 64명의 아이들 이름 외우는 것도 벅찬데, 개개인에게 어떤 것이 효과적인 공부방법인지 알아서 적절하게 가르친다는 것은 불가능했다. 강의식 교육이 될 수밖에 없는 구조였다.

　우리가 유달리 강의식 교육에 익숙한 또 다른 이유는 유교문화의 역할이 클 것이다. 우리 조상들은 서당에서 수십 명이 모여앉아 책을 읽고 훈장이 설명해주는 방식으로 공부를 했던 것이다.

　경제가 어려운 시절에는 학교에 갈 수 있다는 것 자체가 혜택이었으므로 공부하는 방법이나 가르치는 방법은 중요시되지 않았다. 그러나 이제 우리도 스스로 배우는 방식에 대해서 알아야 한다.

효과적인 학습 방법을 알고 나면 배우는 것이 재미있어질 것이고, 재미있는 것은 그의 밥벌이가 될 것이다. 밥벌이가 재미있다면 그것은 우리의 꿈을 실현한 것이 아니겠는가. 여기서 내가 배우는 방식을 소개해보겠다.

첫째, 나는 글을 쓰면서 배운다.

글을 쓰면 무의식 속에 갇혀 있던 생각들이 세상의 빛을 보게 된다. 머리로 구상을 다 끝내고 나서 글을 쓰는 것이 아니라 글을 쓰다 보면 자연스럽게 내용들이 만들어진다. 그러니 아무런 이유도 없이 글을 써보는 것이 중요하다. 아무런 생각은 없지만 글을 쓰다 보면 자연스럽게 다양한 생각들이 떠오르고 의외로 많은 글을 남길 수 있을 것이다. 믿지 못하겠다면 지금 당장 펜을 잡고 시작해보기 바란다. 결국 이 사실을 확인하는 것도 실천이 될 테니 실천의 힘까지도 발견할 수 있을 것이다.

둘째, 말을 하면서 배운다.

직업이 사람들 앞에서 말을 하는 것이니 당연하다. 강의시간에 말을 하다 보면 내 스스로 새로운 논리를 발견하게 된다. 똑같은 강의를 반복하는 경우도 많은데 이상하게도 똑같은 내용을 준비해 가지만 입에서 나오는 말들은 매번 다르다. 그 횟수가 쌓여감에 따라 확장되는 논리들도 많아지고 창의적인 내용으로 연결되기도 한다. 그리고 그것을 잊지 않고 강의가 끝나면 수첩에 기록해둔다. 기록해놓은 것을 읽으면서 짬짬이 논리를 확대하며 하나의 주장으로 폭을 넓혀갈 수 있다. 시간이 나면 언젠가 읽었던 책들에서 관련 깊은 내용들을 참고하여 생각을 마무리한다.

셋째, 읽으면서 배운다.

책을 통해 다른 사람의 생각을 읽으면서 나 자신 혹은 나를 둘러싼 현실과 비교해본다. 실증적으로 확인해보는 것이다. 그러면 사고가 확장되고 기존에 생각해보지 못했던 내용들이 경험으로 정리되어 배울 수 있다. 하지만 이 방법은 게으름을 유발하기도 한다. 자기 스스로 생각하기보다 저자가 주장하는 그대로 배우는 것에 재미를 들이다 보면 스스로 생각할 수 있다는 사실을 잊어버릴 수도 있다. 게으른 독서는 창의성을 죽이기도 한다. 그래서 독서를 하면서 자신의 현실과 비교하고 내가 가진 생각을 확장하려는 노력이 필요한 것이다.

아끼는 책을 빌려간 동료가 2주일 만에 돌려주면서 이런 말을 남겼다.

"책을 보니까 책 주인이랑 똑같네요. 어떻게 사람이랑 책이 똑같은 느낌을 주는지 신기해요."

순간 깨달은 것이 있었다. 내가 쓴 책도 아닌데 그 책이 나와 닮아 있다는 사실이다.

나는 책을 읽으면서 밑줄도 긋고 포스트잇도 붙이고 내 생각도 기록하면서 마치 공부하듯이 흔적을 남기는 버릇이 있다. 내가 읽었던 책을 처음 보는 사람들은 책에다가 너무 심하게 표식을 남긴다고 생각하거나, 정말 책을 제대로 읽으려고 노력한다는 느낌을 갖는다고 한다. 난잡하지 않을 만큼의 손때 묻힘은 읽고 난 후에도 책에 대한 각별한 애정을 남기는 매력도 있다. 저자의 논리만을 따라가는 함정을 피하는 나만의 방법인 셈이다.

이것들은 내가 배우는 방법들이다. 당신이 배우는 효과적인 방법도 분명히 존재할 것이다. 사람은 스스로 배우는 방법들에 대한 믿음이 없기 때문에 불안해하고 그 불안 때문에 배우는 것을 포기한다. 다른 사람은 나보다 빨리 배우는 것 같다고 생각하며 불안한 마음으로 시간을 허비하기보다 자기가 배우는 방법을 잘 살피고 연습을 반복하는 것이 훨씬 효율적일 것이다.

배우지 못하면 성장할 수 없다. 성장하지 않는 사람이 인생의 깊이를 느끼는 데는 한계가 있다. 자기에게 꼭 맞는 효과적으로 배우는 방법을 발견한다면 인생은 한 단계 높은 길로 접어들 것이다.

Skill of Life

영어 잘하는 비결

Action

외국영화를 볼 때마다 느끼는 게 있다. 바로 자막을 보지 않고 영화를 볼 수 있었으면 하는 생각이다. 가끔 눈을 감고 영화를 보기도 하는데 알아들을 수 있는 말이 몇 마디 없으니 금방 눈을 떠 자막을 봐야만 한다. 영어를 잘하는 방법이 없나 알아봤지만 뾰족한 방법이 없었다. 어느 날 웬만한 영화는 자막 없이 볼 수 있다는 친구를 만났는데, 그는 이렇게 자기만의 비법을 주장했다.

1. 하루에 한 시간 이상 반드시 청취하라

그것도 최소 일년 이상. 귀는 열렸다 닫혔다 하기 때문에 하루도 거르지 않는 반복이 가장 중요하며, 자기 경험상 귀가 제대로 열리려면 일년은 걸린다는 것이다.

2. 영화를 이용하라

좋아하는 영화 중에서 제일 쉬운 영화를 골라서 자막을 없애고 수십 번 보는 것이다. 귀에 익었을 즈음에는 글로 써보라고 했다. 자기는 이 방법으로 실력이 가장 많이 늘었단다.

3. 두려움을 없애라

외국인을 두려워 말고 친구로 사귀거나, 학원을 다녀서라도 두려움을 없애야 한다. 그래야 콩글리시가 잉글리시가 될 수 있다. 우리가 영어를 못하는 이유는 콩글리시가 두렵기 때문이지 능력이 부족해서가 아니라는 것이 그의 설득력 있는 주장이다.

이런 방법들을 다 듣고 난 다음, "너무 어렵다. 이보다 더 쉽게 하는 방법은 없어?"라고 묻자 그가 말했다.

"없어!"

영어 잘하는 비결
1. 하루에 한 시간 이상 반드시 청취를 하라
2. 영화를 이용하라
3. 두려움을 없애라

27

존경할 만한 모범을 찾아라

평등의 결점은 우리가 그것을
손윗사람에게만 바란다는 점이다.
—베크

　교육을 다니는 일의 이면에는 사람을 만난다는 측면이 숨어 있다. 비단 교육을 받는 교육생들 이외에도 그와 관련된 다양한 사람들을 만나게 된다. 때문에 혹자들은 많은 사람을 사귈 수 있으니 좋은 직업을 가졌다며 부러워하기도 한다.

　김태윤 대리. 그는 40대 초반의 평범한 직장인이다. 그러나 그에게는 다른 사람들이 자신을 잊지 못하게 하는 남다른 점이 있다. 처음 교육을 갔을 때 생면부지인 나를 마치 아주 오랜만에 만난 친구를 대하듯 다정하게 대해주었다. 교육 준비에서 식사, 쉬는 시간에 대한 배려까지 모든 면에서 따뜻하고 편하면서도 자신의 일을 훌륭하게 치러내고 있었다. 다음에 만났을 때 처음 만나는 사람을 어떤 마음으로 대하는지에 대해 물어보았다.

"사람을 처음 만날 땐 미리 어떤 기준을 정해놓고 만나지는 않습니다. 가장 먼저 만남 자체가 이루어지는 것이 중요하다고 생각합니다. 누구나 그렇겠지만 여러 번 만나다 보면 마음이 쉽게 열리는 사람도 있고 쉽게 열리지 않는 사람들이 있겠지요. 하지만 내 평소의 생각과 다른 의견을 가진 사람을 만나면 가끔 의견 충돌이 있겠지만, 다양한 의견을 들을 수 있는 건 행운이라고 생각하기 때문에 사람을 만난다는 건 즐거운 일입니다."

가득 찬 것은 마치 부족한 것처럼 보인다고 했다. 사람을 만날 때 원칙이 없는 것이 사람을 만나는 가장 좋은 방법일 수도 있을 것이다. 집착하고 고집하는 바가 없으니 부담이 없고 자연스럽다.

우리는 이런 저런 이야기를 했고 내친 김에 일을 대하는 태도에 대해서도 물어보았다. 나의 질문은 가장 힘든 일을 했던 경험과 그 일의 보람에 대해서 이야기해달라는 것이었다.

"일이 힘들다는 생각은 별로 해보지 않았습니다. 일이 많을 때도 있지만 그런 건 시간을 조금 더 투자하면 이루어지니까요."

그가 일을 대하는 태도는 마치 사람을 대하는 것과 같았다. 일이 힘들다는 개념은 그의 머릿속에 없는 듯했고, 일은 노력하면 충분히 할 수 있는 일상적인 것이었다. 힘든 것이 없으니 일을 피하려 하지도 않는다. 오히려 일을 통해 사람을 만나고 그 만남을 통해 배우려는 마음이 간절한 듯했다.

"요즈음에는 '대화'라는 단어에 대해서 많이 생각해봅니다. 그 중에서도 '참 대화'에 대해서요. 서로의 생각을 상대에게 이야기하는 것인데…… 생각할수록 어렵네요. '참 대화란 어떤 것인가?'에 대하여 앞으로 쭈욱 고민을 해봐야겠습니다. 제 고민에 좋은 말씀을 해주실 분이 계시면 지금 당장 만나러 가고 싶네요."

사람을 만나고 느낌을 공유하고 배우고 자신을 반성하며 사는 인생은 아름답다. 그런 태도는 일을 '업무'로 보지 않고 '사람'으로 보도록 하며, 만남을 소중히 여기는 인간적인 모습을 만들어낸다. 그 모습을 통해 우리는 '좋은 사람'이라는 느낌을 받는 것이다. 그는 세상에는 좋은 인생을 살아가는 사람들이 많고 우리 역시 그러해야 함을 몸으로 알리며 사는 사람이다.

어느 날 그에게서 메일이 왔다. 《소설 동의보감》을 다시 읽다가 유의태가 한 말을 되씹느라 잠을 설쳤다고 한다.

"선배란 후배의 목표가 되어야 한다. 뛰어넘어야 하는 목표!"

그는 바람직한 선배가 되기 위해서는 어떻게 해야 할 것인지에 대해 고민하고 있다며, 자문을 구했다.

나는 답을 하는 대신 혼잣말로 중얼거렸다.

"그건 당신처럼 살면 되는 건데 뭘 나한테 물어……."

초등학생들은 의무적으로 존경하는 사람들을 한 사람 정해야 한다. 학교에서 그렇게 시키기 때문이다. 그러나 아이들에게 왜 그들을 존경하는지 물어보면 "그냥요"라는 답만 들을 수 있을 뿐이다. 이유는 모르지만 학교에서 한 사람을 정하라니 어쩔 수 없이 정한 것이다.

어릴 적 나도 존경하는 위인이 있었던 기억은 있지만 누구였는지 기억나지 않는다. 진정한 존경심 없이 그냥 유명하니까 존경해야 한다고 결정해버렸기 때문이다. 진정으로 존경하는 사람을 찾았을 때 우리는 보다 현명하게 변화할 수 있다.

모방은 창조의 어머니라는 말이 있다. 수많은 예술가들이 선배 예술가들을 따라다니며 배웠다. 지금도 어느 반지하 연습실에는 신중현의 사진을 벽에 걸어두고서 수없이 드럼을 두드리고 기타를 튕기며 노래를 부르는 밴드 지망생들이 있을 것이다. 장담하건데 그들이 존경하는 선배의 정신을 놓지 않고 끈기 있게 밀고 나간다면 분명히 나름대로의 성공을 이룰 수 있을 것이다. 그렇게 해서 존경하는 선배를 넘어선 위대한 대가가 탄생하지 않는가.

존경할 만한 모범을 찾아볼 필요가 있다. 찾아봤는데 없더라고 말할지도 모르겠지만 그것은 우리의 지적 오만 때문일 가능성이 크다. 자신에 대한 오만함을 죽이고 삶에 모범이 될 만한 위대한 인물을 찾아보자. 그리고 그를 열심히 연구하는 것이다. 시간이 흘러 어느 순간 우리는 그들을 넘어서 있을 것이다.

Skill of Life
존경하는 사람을 찾는 방법

1. 가까운 곳에서 찾아라

존경할 만한 사람은 가까이 있을수록 좋다. 특히 자기 주위에서 찾으면, 그로부터 피드백을 받을 수도 있고 자신의 수준을 그와 비교해 볼 수 있다. 멀리 있는 사람은 동경을 심어주기는 하지만 실천력을 키워낼 구체적인 모범이 될 수 없기 때문에 큰 도움이 되지 못한다. 멀리서 찾을 것이 아니라 주위에서 찾아야 한다.

2. 연예인을 활용하라

연예인들 중에는 온갖 어려움을 뛰어넘어 꿈을 성취한 사람들이 많다. 게다가 그 과정을 겪으면서도 세상을 살아가는 자기만의 훌륭한 가치관까지 가진 경우도 많다. 나는 '자우림'이라는 밴드를 좋아했는데, 리드보컬 김윤아의 태도를 보며 삶의 의미를 찾아갈 용기를 배울 수 있었다. 그녀는 '밴드'에 대한 자기만의 정의를 내리고 있었고 그것을 자우림이라는 공간을 통해 다른 멤버들과 실현하고 있었다. 자기만의 가치관을 가지고 실현해가는 연예인들도 많다. 진정한 팬이란 그들의 가치관을 배우고 태도를 존경하는 사람들이 아닐까 싶다.

3. 자신을 존중하라

스스로 존중하는 사람이 되도록 노력해야 한다. 자기를 존중할 수 있어야 다른 사람을 존중할 수 있다. 스스로를 함부로 대하여 나태해지고 중독될 만한 것을 찾아다니도록 내버려두어서는 안 된다. 자신을 아끼고 괜찮은 사람으로 만들려는 노력 없이는 존경할 만한 인물을 찾아낼 수 없다. 존경하는 사람에게 배우려는 것은 자신을 사랑하기 때문에 가능하다.

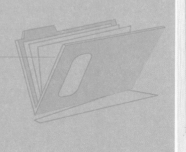

존경하는 사람을 찾는 방법
1. 가까운 곳에서 찾아라
2. 연예인을 활용하라
3. 자신을 존중하라

28

핵심적인 부분에 집중하라

사소한 것이 커다란 차이를 만들어낸다.
—디오도어 루빈

우리가 사용하는 시간 중에서 20%의 시간이 80%의 성과물을 가져온다.

한 회사의 직원들 중에서 20%가 80%의 실적을 달성하고 회사를 성장시키는 데 기여한다.

한 권의 책 중에서 20%가 80%의 핵심을 담고 있다.

일상적으로 하는 일 중에서 20%가 80%의 성과를 낳는다.

이것이 이른바 파레토 원리다. 흔히들 80:20의 법칙이라고도 한다. 이 파레토의 원리를 자기 생활에 잘 적용하면 보다 효과적으로 일을 처리하고 탁월한 성과도 남길 수 있다. 그러기 위해서는 먼저 자기 일이 어떤 것들로 이루어져 있는지를 알아야 한다.

나는 하루의 일과를 아침이면 제일 먼저 수첩에 기록한다. 바쁜 날은 10가지 정도가 기록되고 그렇지 않은 날은 5~6가지 정도가 하루 동안 해야 할 일이 된다. 그리고 가장 중요한 일은 파란색으로 표시하거나 밑줄을 그어서 표시를 해둔다. 가장 중요한 한두 가지의 일이 내 일의 핵심을 차지하기 때문이다. 그 외의 다른 일들은 일상적으로 반복되는 일이거나 매월 한두 번 정도 연락을 취하거나 사람을 만나는 정도의 일이다.

일상적이고 형식성이 강한 일들은 가장 먼저 해두는 것이 좋다. 간단한 것부터 끝내놓고 중요한 일을 하는 것이 집중력을 높이는 비결이다. 내 경험상 아무리 간단한 일이지만 일을 끝내놓지 않으면 마음이 불안해서 한 곳에 집중하기 어렵다. 가장 중요한 일은 가장 마지막에 집중력을 살려서 하려고 노력한다. 이렇게 하면 중요한 일에 투자하는 시간을 상당히 늘릴 수 있고 성과도 좋아진다.

중요한 일부터 먼저 하는 방법도 있다. 갑자기 급한 일이 생길 수도 있으므로 미리 중요한 일을 해놓는 것이 좋다는 의미다. 하지만 집중력을 발휘하고 보다 많은 시간을 확보하기 위해서는 중요한 일을 나중에 하는 방법이 좋을 것 같다. 왜냐하면 중요한 일을 하고 있을 때는 혹시 급한 일이 생기더라도 그 일을 계속할 수밖에 없기 때문이다.

사람들은 생각보다 훨씬 많은 일을 하고 있다. 하지만 그 일의 대부분은 쓸모없는 일이다. 다른 사람들에게 많은 일을 하고 있다는 사실을 알리기 위해서 쓸데없는 일을 만들어 힘을 뺄 이유가 없다. 늘 바쁘게 살지만 성공하지 못하는 사람들의 특징이 바로 그것이다. 해야 할 이유가 없는 일들은 과감하게 하지 않아야 한다. 선임자가 했다는 이유로 혹은 뭔가 흔적을 남겨야 한다는 이유로 쓸모없는 일을 한다는 것은 소중한 시간을 죽이는 일이며 창의성을 말살시키는 방법일 뿐이다.

사람들은 내게 어떻게 글을 그렇게 많이 쓸 수 있느냐고 묻는다. 일년 동안 몇 권의 책을 쓰기 위해서는 아무런 의미 없이 흘려보내는 시간들을 줄이고 가장 중요한 일에 집중력을 살려 투자하는 방법밖에 없다. 가장 중요한 20%에 투자하는 시간을 늘릴수록 성과는 높아지는 법이다. 때문에 나는 책을 읽고 생각을 정리하고 글을 쓰는 시간을 최대한 확보하기 위해서 노력한다. 그것이야말로 내 일의 핵심이기에. 나의 직업은 스스로를 끊임없이 변화시키고 성장하지 못하면 환경적 요인들에 의해 자동적으로 퇴출될 수밖에 없다는 것을 잘 알고 있다.

솔거(率居)는 신라시대의 화가다. 가난한 집안에서 태어났기 때문에 어려서부터 날품을 팔아 생활을 해야 했다. 그는 그림 그리기를 남달리 좋아했다. 산에서 나무를 할 때는 칡뿌리로 바위에 그림을 그렸고, 밭에서 김을 맬 때는 호미로 땅에 그림을 그렸다. 스승은 없었지만 자연은 그의 스승이 되어주었다. 그는 마침내 황룡사라는 큰 절에 노송 하나를 그리게 되었다. 그림이 어찌나 잘되었는지 날아가던 새들이 그림에 그려져 있는 소나무에 앉으려다가 미끄러져서 떨어지기도 했다. 수백 년 후 그림이 희미해지자 어떤 스님이 그 위에 같은 색으로 덧칠을 했더니 다음부터는 어떤 새도 그곳에 와서 앉으려 하지 않았다고 한다.

솔거가 80:20의 법칙에 관해서 생각해보지는 않았겠지만 산에서 나무를 하거나 밭에서 김을 맬 때에도 자신에게 중요한 것은 생계를 유지하기 위한 일들이 아니라 그림 그리기라는 것은 분명히 알고 있었을 것이다. 나뭇가지와 호미가 붓을 대신할 수 있을 만큼 집중한다면 이루지 못할 것이 없다.

Skill of Life

핵심적인 부분에 집중하는 방법

1. 키워드를 가져라

키워드는 문제 해결의 실마리가 되는 핵심단어를 말한다. 키워드가 있다는 것은 주된 관심사 혹은 어떤 관점을 견지하는 것과 같다. 책을 읽어도 키워드를 가지고 읽으면 좋은 성과를 남길 수 있지만 아무런 목적 없이 읽으면 남는 것이 없다. 일의 핵심에 접근하기 위해서는 중요한 키워드를 가지고 있어야 한다.

2. 과감해져라

일단 키워드를 가졌다면 그 외의 것은 과감하게 치워버려야 한다. 작은 것에 신경을 쓰다가 정작 중요한 것을 놓치는 경우가 많다. 이것도 중요하고 저것도 중요해서는 하나도 건질 수 없을 것이다. 여러 가지 일을 모두 잘할 수 있는 방법은 한 번에 하나씩 해나가는 방법밖에 없음을 기억하고 과감해져야 한다.

3. 다른 사람의 관점을 존중하라

누구나 자기 잘난 맛에 사는 법이다. 그렇기 때문에 우리는 모든 것을 자기 관점으로만 보다가 진리를 외면하곤 한다. 다른 사람의 의견을 잘 듣는 사람들은 큰 그림을 가지고 일을 시작하기 때문에 중도에 방향을 수정하는 일이 드물고, 수정한다고 해도 큰 문제 없이 극복할 수 있다.

4. 전체 그림을 그려라

키워드를 가지고 자신이 추구하는 바를 그림으로 표현해보자. 그리고 다른 사람들의 의견을 그 그림 위에 나타내면서 다양한 측면들을 살펴보면, 눈에 보이지 않았던 것들이 발견될 것이다. 결코 머릿속에서만 살펴서는 제대로 볼 수 없다. 그림 혹은 도표는 복잡한 문제를 간단하게 정리해주고 어디에 몰입해야 할지를 알려주는 좋은 방법이다.

5. 현상보다는 본질을 파악하라

신문에는 하루 동안 일어난 온갖 일들이 실려 있다. 그것은 대부분 벌어진 사건 자체에 대한 설명들인 경우가 많다. 보다 본질적인 부분은 월간지나 책을 통해서 살펴야 한다. 세상에서 일어나는 단편적인 사건들을 종합하다 보면 그 내부에 공통되어 흐르는 물결 같은 게 감지되는데 그것이 바로 본질이다. 이 본질을 볼 수 있는 사람은 핵심을 파악하고 새롭게 만들어갈 수 있다.

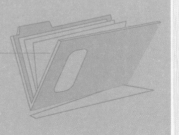

핵심적인 부분에 집중하는 방법
1. 키워드를 가져라
2. 과감해져라
3. 다른 사람의 관점을 존중하라
4. 전체 그림을 그려라
5. 현상보다는 본질을 파악하라

29

능력 있는 후배를 키워라

말을 타려면 바싹 붙어 앉고,
사람을 타려면 느슨하고 가볍게 앉아라.
－벤자민 프랭클린

읽은 지 오래된 어느 유학자의 글에 "위에 있는 사람은 밑에 있는 사람과 재주를 겨루지 않아야 한다"는 말이 기억에 남는다. 조직의 관리자나 리더뿐만 아니라 상대방에 대한 질투심으로 고통스러워하는 사람들이 기억할 만한 말임에 틀림없다.

우리 조직의 리더들은 아랫사람의 재주를 반가워하지 않는다. 세상이 각박하여 후배를 양성하는 즐거움을 잊어버린 때문일 것이다. 좋은 기획안이나 아이디어를 가진 후배들을 '나도 해봤는데 안 된다'는 말 한마디로 창의성을 죽이며 살고 있다. 덕분에 자신은 치고 올라오는 후배들을 걱정하지 않아도 되므로 안전하다고 생각할 것이다. 그러나 낭중지추(囊中之錐)라고 하지 않았던가! 탁월한 사람은 언젠가는 빛을 보게 되어 있다. 그들이 성장하여 우뚝 섰을 때 당신을 뭐라고 평가할까?

그들이 빛을 보고 우뚝 선 곳이 내 밑이 아니라 다른 사람 밑이라서 괜찮다고 말할지 모르겠지만, 하나만 알고 둘은 모르는 소리다. 내 밑에서 성장하여 승승장구하며 자란 후배는 자신을 잘 키워준 선배를 기억할 것이다. 그러나 자리를 지키기 위해 아등바등하며 후배의 앞길을 막고 있다가 결국 밀려나면 과연 후배들이 선배를 선배로 모셔줄까?

후배를 사랑하면 얻을 수 있는 것들이 많다.

첫째, 생산적인 질투를 통해 자신의 발전을 자극할 수 있다. 뛰어난 후배는 좋은 경쟁자이고 그를 통해 배우고 충분히 자극받을 수 있다. 좀더 열심히 살도록 도와주는 역할을 하는 것이다. 만약 소모적인 질투심으로 후배들을 대한다면 자신을 발전시킬 또 하나의 기회를 잃어버리는 것과 같다.

둘째, 자신을 도와줄 후원자를 얻을 수 있다. 사람의 능력은 각기 다른 곳에서 빛을 발하는 경우가 많다. 능력 있는 후배는 나의 부족한 부분을 보충해주고 중요한 일을 할 때 적절한 조언을 해줄 수 있을 뿐만 아니라, 긍정적인 관계 형성을 통해서 마음을 공유하는 진정한 후원자가 되어줄 것이다.

셋째, 세상을 사는 또 하나의 즐거움을 얻을 수 있다. 맹자의 군자삼락 중 세 번째가 바로 그것이다. 양친이 살아 계시고 형제가 무고한 것이 첫 번째 즐거움이요(父母俱存 兄弟無故 一樂也), 우러러 하늘에 부끄럽지 않고 굽어보아도 사람들에게 부끄럽지 않은 것이 두 번째 즐거움이요(仰不愧於天 俯不作於人 二樂也), 천하의 영재를 얻어서 교육하는 것이 세 번째 즐거움이다(得天下英才 而敎育之 三樂也). 재능 있는 후배를 질투할 것이 아니라 오히려 내가 가진 지식과 정보를 나누어주는 것이 마땅히 후배를 양성하는 사람의 책무이다.

윗사람은 아랫사람과 재주를 다투어서는 안 된다. 작은 기술로 잘나고 못남을 결정하려는 어리석은 생각에서 벗어나야 한다. 나보다 뛰어난 사람은 후배가 아니라 바보라 할지라도 배워야 한다. 천재는 바보로부터도 배우지만 바보는 천재에게서도 배우지 못한다고 했다. 바보와 천재가 따로 있는 것이 아니라 배우려는 정신에 따라 바보와 천재가 결정되는 것이다.

유비는 제갈량이나 관우에 그 재주가 비교할 바가 못 된다. 천하를 보는 눈이나 책략은 제갈량에 미치지 못하며, 무공이나 용맹 또한 관우나 장비의 상대가 되지 못한다. 그럼에도 유비는 제갈량과 관우, 장비, 조운 같은 걸출한 부하들을 거느리며 천하를 삼분(三分)했다. 그들이 가지지 못했던 후덕함과 관계를 중시하는 마음이 있었기 때문이다. 물론 한(漢) 왕조의 후손이라는 출생적 배경이 도움을 줬을 터이지만, 한 왕조의 후손이 한둘이 아닐진대 유독 유비에게 천하를 경영할 다툼의 장에 뛰어들 자격이 주어진 것은 다른 요인이 분명히 있었으리라.

유방도 마찬가지다. 한신과 장량 같은 가신들이 없었다면 결코

천하를 통일하지 못했을 것이다. 그 또한 미천한 출신성분임에도 불구하고 관계를 중시하고 사람을 아끼는 후덕함이 있었다. 그가 한신과 장량 같은 뛰어난 장수와 가신들을 질투해 숙청했다면 역사는 분명 달라졌을 것이다. 물론 통일의 위업이 완성되고 난 후 그들의 재주가 두려워 숙청을 단행한 것은 토사구팽의 대표적인 사례가 되었지만, 발호세력을 견제해 왕권을 안정시키겠다는 의도로 해석됨이 타당할 것이다.

부모들은 남들에게 자기 아이가 공부도 잘하고 특기가 탁월하다며 자랑한다. 자식을 자랑하면서 기쁨을 느낀다. 자식이 아버지보다 못하다는 소리를 듣고 싶어 하지 않는다. 오히려 아버지와 어머니를 뛰어넘어 성공하기를 기원한다. 부모는 자식과 경쟁하려 하지 않는다.

이것이 사람을 성장시키고 관계를 맺는 아름다운 자세다. 비록 부모는 아니지만 아랫사람들이 자기보다 잘할 수 있도록 돕고 배려하는 선배가 진정한 선배이다. 후배가 성장하고 뭔가를 이루어가는 모습을 흐뭇한 마음으로 바라보아줄 넉넉함이 선배를 선배로 만든다. 그럴 때 선후배의 관계는 아름다워지고 의미가 탄생할 것이다. 그리고 성장하는 후배를 보면서 자신의 삶도 자극받고 보다 생산적으로 스스로를 달구어갈 수 있다.

Skill of Life
후배들과 잘 지내는 법

1. 그들의 발전을 자극하라

사람은 자신에게 힘을 주는 사람에게 매력을 느낀다. 발전의 동기를 부여하는 사람과 시간만 낭비하게 하는 사람이 있다면 당신은 누구와 만나겠는가? 당연히 발전을 자극하고 좀더 잘하라는 격려를 해주는 사람이다. 격려를 주고받는 장면을 상상해보자. 격려하는 사람은 선배이거나 상관 혹은 권위가 있는 사람이고, 격려받는 사람은 후배, 부하 혹은 지식이나 경험이 짧은 사람들이다. 그들은 용기를 주고 발전을 자극하는 사람들을 정신적 스승으로 모신다. 그들은 선배를 뛰어넘을 만큼 성장해서도 선배를 선배로 모실 줄 안다.

2. 자신의 이야기는 되도록 하지 마라

사람들은 자신을 드러내기를 좋아한다. 그래야 자신의 존재가치를 확인받을 수 있기 때문이다. 상대방의 이목을 끌기 위해 노력하는 모습은 이미 자신이 혼자서는 존재 이유를 찾지 못한다는 반증이기도 하다. 하지만 자기 이야기만 한다면 상대방은 자신의 존재가치를 인정받을 기회를 얻지 못한다. 욕구불만이 쌓이고 당신과의 만남을 회피할 것이다. 그들에게 기회를 충분히 주어야 한다. 그래야 그들이 만족할 수 있고 당신은 그들의 입장을 충분히 이해한 후에 좋은 조언을 해줄 수 있다. 가끔은 진솔한 모습도 보이는 것이 좋다. 인간미 없는 선배는 접근하고 싶지 않으니까.

3. 협조를 구하라

선배도 후배들에게 도움을 구할 수 있어야 한다. 내가 이 정도도 못해서 후배한테 도움을 받아야 하냐며 자존심 상할 필요가 없다. 오히려 그것이 후배와의 관계를 돈독히 하는 길이다. 후배는 선배가 하지 못한 것을 자신이 했다는 자부심을 느끼고, 당신은 후배와 가까이 할 기회를 얻을 뿐 아니라 골치 아픈 문제까지 해결했으니 윈윈 게임(win-win game)에 일석이조 아닌가.

후배들과 잘 지내는 법
1. 그들의 발전을 자극하라
2. 자신의 이야기는 되도록 하지 마라
3. 협조를 구하라

30

감성 노트를 쓰자

가장 무익한 날은
웃지 않고 보낸 세월이다.
–니콜라스 샹포르

나는 워낙 대충대충 하는 성격이다. 정확한 일처리가 좋기는 하겠지만 시간이 많이 걸리고 가끔은 인간미가 없다고 느껴진다. 그리고 많은 경험들이 나를 대충형 인간으로 만들었기 때문이다.

대충형 인간은 감성형 인간이기도 하다. 일보다 사람을 중시한다. 때문에 일이 제대로 되지 않아 어쩔 수 없이 상대방에게 양해를 구해야 하는 경우가 자주 생긴다. 한두 번 그런 경험을 하다 보면 대책을 세우게 된다.

정확하게 뭔가를 해서 무너진 신뢰를 회복시켜야 한다. 내가 해본 방법 중에서는 자료를 충분히 준비하는 것과 기록을 남겨놓는 것이 괜찮았다. 특히 좋은 아이디어가 떠올랐다가 순간 사라져버려서 다시 생각하려고 무진 노력해도 기억나지 않는 경우가 한두 번이 아니다. 그때 수첩은 나를 살려준 일등공신이었다. 꼼꼼하게 기록해놓으면 잃어버릴 이유가 없다.

수첩이 일에서 나를 보완해준다면 감성 노트는 생활의 의미를 발견하도록 해준다. 감성 노트는 아침에 일어났을 때, 잠들지 못하고 뒤척이는 밤에, 아무것도 하기 싫어서 뒹구는 시간에 문득 나를 되돌아보게 해주는 좋은 친구다. 생각나는 대로 두서없이 써보는 것이다. 일기도 아니고 수필이나 시도 아니고 아무런 형식도 제약도 없이 그냥 적어 내려가는 것이 감성 노트다. 꼭 노트가 아니라 찢어진 신문지나 방바닥이라도 좋다. 그냥 휘갈겨보는 것이다.

무질서한 생각들을 적어 내려가다 보면 평소에는 잊고 있던 것들이나 생각해내지 못했던 높은 차원의 생각들이 몽실몽실 피어오른다. 자기를 가리고 있던 블라인드를 제치고 벌거벗은 모습을 그대로 볼 수 있으며 미처 발견하지 못했던 자기를 찾아가는 재미도 맛볼 수 있다.

하지만 처음 펜을 들면 막상 기록할 게 없을 것이다. 이런 이유로 사람들은 자신이 글재주가 없다고 생각하곤 한다. 그렇다 해도 걱정할 필요는 없다. 사건이 아니라 마음을 기록하면 된다. 지금의 기분을 기록하는 것이다. 출근하기 싫다거나 화가 난다거나 하는 감정을 기록하다 보면, 자연스럽게 그런 감정을 가져온 사건에 대한 생각으로 옮겨가고 좀더 넓은 시각이 생기기도 한다. 기록할 내용이 없으면 '적을 것이 없다'고 적어보기도 한다.

2000년 5월 22일의 감성 노트

일년 넘게 같이 일한 공익(공익근무요원)이 있다. 일하는 폼이 싹싹하고 성실한데 오늘이 녀석의 생일이라고 했다. 군대를 가는 대신에 공공기관에 근무하면서 부족한 일손을 돕는 것이 그의 임무임을 감안할 때 본연의 임무를 아주 성실히 하고 있는 괜찮은 녀석이다.

정규 직원이 생일을 맞으면 아침부터 케이크와 꽃다발 같은 것이 등장해 시끌벅적한 분위기가 연출되지만, 공익 신분이라서인지 생일치고는 사무실 분위기가 평상시처럼 너무 조용하기만 했다.

안타깝고 미안한 생각이 들어서 점심시간에 서점에 들렀다. 녀석에게 줄 선물을 사기 위해서였다. 다른 사람에게 선물을 할 때 책을 많이 하는 편이다. 책을 통해 내 마음을 전할 수 있기 때문이다. 한참을 생각하다 《칭찬은 고래도 춤추게 한다》를 골라 간단히 축하의 글을 적은 뒤 포장을 해서 가져왔다.

녀석이 없는 틈을 타 책상 위에 올려놓았더니 한참 뒤 고맙다는 인사를 건네왔다. 그 뒤, 업무시간 틈틈이 책을 뒤적거리는 모습에 마음의 부담감이 조금은 사라지는 듯했고, 미안한 마음도 조금씩 사라졌다.

다음날 아침 출근길에 녀석을 만났다.

"야, 오늘 넥타이랑 와이셔츠 멋지네요. 패션감각이 보통이 아닌데요!"

녀석의 아침 첫인사였다.

"땡큐!" 하고 답하면서 어제 녀석에게 선물한 책의 제목이 떠올랐다.

"칭찬은 고래도 춤추게 한다."

녀석이 책을 읽었구나 하는 생각이 들었다.

책을 선물한 것에 대한 최선의 보답은 그 책을 읽고 느끼는 대로 실천하는 것이리라. 상대방을 칭찬하면 좋은 결과가 있다는 사실을 몸으로 보여준 녀석이 고마웠다. 나에게는 그 한마디가 아주 큰 보답이었던 셈이다. 그리고 나도 한 가지를 더 배울 수 있었다. 배려는 공익도 춤추게 한다는 사실을.

감성 노트는 자신을 발견하고 평소에 잊고 살던 것들의 중요성을 일깨워준다. 자신의 숨어 있는 욕구, 오랫동안 잊어버린 옛 친구, 돌아가신 부모님에 대한 회한, 부족한 자신에 대한 자학, 그래도 괜찮은 놈이라고 생각하는 서투른 보살핌까지 다양한 것들을 느끼게 해준다.

사람은 쓰면서 생각한다. 생각하면서 느낀다. 느끼면 배우게 되고 좀더 넓은 세상을 알게 된다. 마음이 좁고 쉽게 화를 내는 사람들은 자신의 성격이 다혈질적이라는 사실을 알지 못한다. 자신에 대해 생각해보지 않았기 때문에 스스로를 모르는 것이다. 이런 사람들에게 감성 노트는 아주 중요한 역할을 해줄 것이다. 자신을 알 수 있게 되는 것이다. 자신의 기분과 성격과 기질 같은 것을 알고 나면, 조심하게 되고 보다 건전한 방향으로 스스로를 이끌고 가려고 시도하게 된다. 그것이 바로 감성 노트의 힘이다.

Skill of Life

감성 노트 쓰는 법

1. 종이와 펜을 가까이 두자

아침이나 잠들지 못하는 밤에 좋은 생각이 떠올라도 종이와 펜이 멀리 있기 때문에 귀찮아서 기록하지 못하는 경우가 있다. 샤워를 하면서 좋은 생각을 떠올리는 것은 누구나 할 수 있지만 종이에 기록하는 사람들은 드물다. 그러니 최대한 가까운 곳에, 집안 곳곳에 종이와 펜을 숨겨두는 것도 괜찮은 방법이다.

2. 잘 모아놓자

감성 노트는 한 권의 노트에만 기록되는 경우가 드물다. 때로는 광고지나 신문지 한쪽 구석에 쓰인다. 가끔 시간을 내서 그것들을 오려내 노트에 잘 붙여놓자. 옮겨 적을 이유가 없다. 처음 작성된 그대로 오려서 노트에 붙여두기만 하면 된다. 오히려 그것이 더 재미있다.

3. 수첩을 가지고 다니자

수첩은 주머니에 항상 꽂혀 있어야 한다. 혹시 수첩이 부담스러운 사람은 지갑 속에 메모지를 여러 장 넣어 가지고 다니는 방법도 있다. 나는 이렇게 해서 여러 권의 책을 썼다.

4. 컴퓨터를 활용하자

꼭 종이에 적을 이유가 없다. 회사에서는 컴퓨터에 수시로 생각나는 내용들을 적을 수 있도록 자기만의 폴더를 만들어두자. 노트북을 사용하는 사람이라면 더 유리할 것이다. 컴퓨터로는 펜보다 훨씬 빨리 글을 쓸 수 있다. 그러나 내 경험상 생각하는 힘을 기르는 데는 펜으로 쓰는 방법보다 못하다.

감성 노트 쓰는 법
1. 종이와 펜을 가까이 두자
2. 잘 모아놓자
3. 수첩을 가지고 다니자
4. 컴퓨터를 활용하자

4부

행동하지 않으면 헛수고다

행동하지 않으면 헛수고다

31

피곤하게 보이려고 애쓰지 마라

나의 규칙은 항상 그날 일을
그날에 행하는 것이었다.
– 웰링턴

자신이 피곤하고 바쁘고 스트레스 받고 있다는 것을 상대방에게 인식시키기 위해 노력하지 마라. 상대방의 기분까지 망치고 만다. 상대방은 앞으로 당신과의 만남을 피하려 할 것이다.

마음이 밝으면 밝은 의미가 보이고 어두우면 어두운 의미가 보인다. 특히 직장인들은 대인관계가 핵심이다. 일이 아주 많고 힘들다는 것을 드러내는 것은 내 일이 재미없다는 표현이다. 이런 표현을 하는 당신을 다른 사람들은 좋아하지 않는다. 혹 이런 내용에 맞장구 쳐주는 사람이 있다면 그는 형식적인 응대를 하고 있을 뿐이며, 마음속으로는 당신과의 결별을 결론 내리고 있음을 알아야 한다.

상대방은 당신이 힘들지만 밝은 생각을 가지고 긍정적으로 바라보는 모습에 감동한다. 억지로 부정적인 모습을 보이려는 당신을 원하지 않는다.

보통의 남자들이 그렇지만 나도 자잘한 집안일에 대해서는 별로 관심이 없고 집중해서 뭔가를 개선하려고 노력하는 스타일이 아니다. 걸레 들고 청소라도 한번 하는 일이 드물고 빨래도 세탁기에 집어던져 넣고는 대충 돌려서 입고 만다. 와이셔츠를 다림질하기가 싫어서 세탁소에 맡기고, 깜박이는 형광등을 갈기 귀찮아서 그냥 꺼놓고 몇 달을 지내기도 한다. 그러다가 그것도 안 하냐는 아내의 핀잔을 듣기가 일쑤다.

대부분의 가장들은 피곤하다거나 스트레스를 받는다는 이유로 집안의 자잘한 일들을 아내에게 미룬다. 설거지와 빨래, 청소 같은 일들은 주부들에게도 별로 하고 싶지 않은 일들임에 분명하다. 하물며 회사 일에만 익숙하던 남자들에게는 고역이 아닐 수 없다. 하지만 피곤하다는 이유로 작은 일들을 소홀히 하면 가족간의 애정이 생기지 않는다. 작은 것이라도 나누어 함으로써 서로의 느낌을 이해할 수 있다.

설거지나 청소를 직접 해봄으로써 집안일 하는 사람의 마음을 이해할 수 있다. 그것도 기왕에 할 일이면 제대로 해보는 것이 좋다. 의무감으로 하지 말고 어차피 해야 한다면 누가 보더라도 '와~' 하는 탄성이 나오도록 완벽하고 깔끔하고 재미있게 해보자. 그릇을 반짝 반짝 윤이 나도록 깨끗이 닦고, 엎어놓을 때도 마치 피라미드를 쌓아올린 것처럼 예술적으로 해보는 것이다. 싱크대 주변까지 완벽하게 윤이 나도록 닦음으로써 스스로 생각해도 정말 잘했구나 싶어지도록 만들어보자. 지겨운 일이 생각보다 훨씬 괜찮은 일이 될 것이다.

일이란 우리가 들이는 정성과 노력에 비례해서 성과를 드러내는 법이다. 우리가 노력해도 소용없다고 말하는 이유는 너무 게으른 나머지 정성과 노력을 들이는 것을 싫어하기 때문이다. 실제로 노력해도 소용없는 일은 없다.

부정적인 사람은 부정적인 사람들과 어울리게 되고 실패에 대한 울분만을 양산하는 사람들로 가득 찬 곳에 들어서기 쉽다. 그런 사람들이 할 수 있는 것은 세상과 다른 사람을 비난하는 것뿐이다. 인생을 성공적이고 알차게 만드는 것은 분노가 아니라 웃음이다.

"타인을 향해 따뜻하고 친밀한 감정을 키우면 자연히 자신의 마음도 편안해진다. 그것은 행복한 삶을 결정짓는 근본적인 이유가 된다."고 달라이 라마는 말했다. 유명한 IRA의 단식투쟁가로 알려진 바비 샌즈의 초상에는 이런 글귀가 쓰여 있다고 한다.

'우리의 복수는 우리 아이들의 웃음이다.'

나는 말을 잘한다거나 문장력이 뛰어나다는 평가를 좋아하지 않는다. 기분이 나쁘지는 않지만 기쁘지는 않다. 내가 기분 좋아지고 기쁘게 생각하는 말은 '열심히 강의해주셔서 감사합니다.' '강사님의 열정을 통해서 배웠습니다.' '적극적이고 긍정적인 모습이 좋습니다' 와 같은 말이다. 기술이 뛰어난 것보다는 태도가 좋다는 말을 듣고 싶다. 기술은 얼마든지 배울 수 있고 익히는 데 시간이 얼마 걸리지 않지만, 살아가는 태도를 갖추는 데는 오랜 시간이 걸리고 적당한 노력과 행동이 필요하다.

사람들 앞에서 강연을 하면서 피곤해서 죽겠다는 표정으로 말한다면 사람들은 어떻게 받아들일까? '어떻게 저런 태도로 우리에게 열심히 하라는 말을 할 수 있을까?' 라는 생각이 들지 않을 수 없을 것이다. 말하는 사람의 태도를 보면 말의 진실을 알 수 있고 그의 사람됨이 드러나는 법이다.

남들에게 피곤하게 보이려고 애쓰는 것은 '나는 목표가 없어서 몰입할 것도 없어요' 라는 것을 인정하는 것과 같다. 목표가 있는 사람은 자신의 생활을 사랑할 수 있다. 목표를 위해 살아가는 동안에는 자신의 삶이 팽팽한 긴장감으로 유지되고 어떤 충만감 같은 것에 휩싸여 피곤하게 보이지 않는다.

인간은 자신이 옳다고 생각하는 것, 대의명분과 뚜렷한 가치관이 깃든 의미 있는 일에 몰두함으로써 비로소 인간적이 될 수 있다고 믿는다.

세계 3대 거짓말

1. "이거 밑지고 파는 거예요."
2. "늙으면 빨리 죽어야 해."
3. "나 시집 안 갈 거야."

친구들이 자주 하는 3대 거짓말

1. "금방 도착할 거야. 조금만 기다려."
2. "너한테만 말해주는 거야."
3. "금방 갚아줄게……."

정치가의 3대 거짓말

1. "친애하는 국민 여러분……."
2. "저는 여러분의 편에 서 있습니다."
3. "국민의 요구에 따라……."

교장선생님이 하는 3대 거짓말

1. "마지막으로……."

2. "선생님들과 학부모님들의 뜻을 모아서……."
3. "존경하는 이사장님!"

직장인들이 하는 3대 거짓말
1. "차가 막혀서……."
2. "이번 달에는 보너스가 없는데."
3. "아, 피곤해……."

다른 사람들에게 피곤하게 보이고 싶다는 생각이 들면 유머를 읽어라. 그 생각을 잊어버리게 될 것이다.

직장인들이 하는 3대 거짓말
1. "차가 막혀서……."
2. "이번 달에는 보너스가 없네."
3. "아, 피곤해……."

32

문제가 아니라
사람의 마음을 해결하라

두 사람이 싸울 때
먼저 싸움을 포기하는 자가
더 고상한 사람이다.
－탈무드

논쟁이 생겼을 때, 나도 상대방도 인격을 가진 사람이라는 사실을 서로 느낄 수 있도록 하면 해결의 실마리가 보인다.

"물론 앞에 계신 분이 잘못한 게 아니라는 건 알고 있지만……."

상대방은 이렇게 말하며 비난의 화살을 내가 아닌 다른 곳으로 돌릴 것이다. 고객을 상담하고 있는 사람이 이런 말을 들었다면 곧 문제가 해결될 징조로 믿고 안심해도 좋다.

우리의 일상은 보통 감정보다는 일을 중심으로 이루어진다. 때문에 감정보다 일의 목표와 결과를 달성하기 위한 활동에 집착한다. 당연히 감정보다 이성을 앞세우게 된다. 이성을 앞세우고 이성 중심으로 생각하고 사는 것이 합리적이고 정상적인 사람의 행태라고 생각하게 되는 것이다. 일 처리만 깔끔하고 완벽하게 한다면 감정적인 문제는 일어나지 않을 것이라고 믿고 있다.

과연 그럴까?

법만 잘 지킨다고 아름다운 세상이 될 수 있을까? 일만 잘한다고 해서 감정적인 충돌이 생기지 않을까? 돈만 잘 번다고 해서 행복한 가정이 될 수 있을까?

전혀 그렇지 않다. 오히려 그 반대다. 법보다는 양심에 따른 도덕성이, 일보다는 감정적인 배려가, 돈보다는 서로를 위한 노력들이 세상을 살맛나게 한다. 우리는 이성적으로 생각하라는 요구 때문에 세상의 진실을 거꾸로 알고 있는 것이다.

성격이 야무지고 일처리를 잘한다는 평가를 받는 사람들 중에는 나르시시즘(narcissism)에 도취되어 있는 사람들이 많다. 나르시시즘이란 자기도취에 빠져 있음을 말하는 것이다.

옛 그리스에는 테이레시아스라는 유명한 장님 예언가가 있었는데, 강의 요정이 아들을 낳아서 이 용한 예언가에게 아들의 운명을 알려달라고 하였다. 그때 예언가는 "아주 오래 잘살겠지만 자기 자신의 얼굴을 보아서는 안 된다"고 말했다. 이 청년이 유명한 나르시소스다.

하지만 잘생기고 건장한 청년이 된 나르시소스는 우연히 물을 마시러 갔다가 호수에 비친 자기 얼굴을 보고 만다. 결국 그는 자기 얼굴에 반해서 먹고 마시는 것도 잊은 채 자신의 얼굴만을 바라보다가 굶어죽고 말았다.

우리도 자신이 일처리를 아주 잘한다고 생각하면서 자아도취에 빠져 있을지 모른다. 상대방의 감정은 고려하지 않고 오직 일이 잘 진행되기만 하면 만사 오케이라고 생각하면서 자기에게 최면을 걸고 있지나 않은지…….

고객을 만나든, 재고품들을 정리하든, 집안 청소를 하든, 기획서를 작성하든 자신이 하고 있는 일에 감성적인 부분을 가미하도록 해보자. 일처리는 완벽하지 않더라도 자기를 재미있게 해주고 감정을 이해해주는 사람을 우리는 원한다. 나의 동료들과 고객들 또한 마찬가지다.

아주 깊은 산 속에 스승을 모시고 불경을 공부하는 영리한 동자승이 있었다. 그의 스승은 진귀한 골동품 모으기를 좋아했는데 그 중에서도 오래된 찻잔을 아꼈다. 어느 날 스님의 방을 청소하던 동자승은 스승이 아끼던 찻잔을 깨뜨리고 말았다. 너무도 당황하여 어쩔 줄 모르고 있는데, 마침 스님이 들어오는 소리를 듣고는 깨진 찻잔 조각들을 주워 등뒤로 살짝 감추었다. 스승이 좌정을 하자 동자승이 물었다.

"스승님, 사람은 왜 죽는 것입니까?"

스승이 대답했다.

"죽는다는 것은 자연스러운 것이란다. 모든 사물은 태어나고 죽는 것을 반복하지. 그래서 지나치게 죽지 않으려고 기를 쓰는 행동은 어리석은 짓이란다."

스승의 말을 듣고 동자승은 찻잔 조각들을 앞으로 내보이며 이렇게 말했다.

"스승님, 스승님의 찻잔이 죽을 때가 되었습니다."

문제가 해결되기만 하면 모든 것이 끝난다고 생각하는 사람이
있다. 그러나 문제를 해결하고 모든 것을 상대가 원하는 방향으로
수용한 경우조차 이런 말을 듣게 될 것이다.

"이번만은 내가 참는데, 다음부터는 똑바로 해."

이것은 마음을 치유하지 못한 결과이다. 일은 해결되었지만 감
정은 해결되지 않았다. 일은 해결되어도 앙금은 남아 있는 것이다.
이 앙금이야말로 인간관계를 해치는 독약이다.

'손해 본 듯한 상업적 협상이 최선을 다한 소송보다 결과가 항
상 좋다'는 말이 있다. 논리 싸움으로 가면 서로 이기기 위한 논쟁
이 되기 쉽다. 그런 논쟁들은 소모적일 뿐 어느 한쪽도 승리하지
못하는 비생산적인 것들이다.

감정적인 해결이 따를 때에만 고객은 단골이 될 수 있고, 친구간
의 우정은 깊어질 것이며, 가족들의 애정도 깊어갈 것이다. 감성적
해결이 진정한 해결이다.

Skill of Life
사람의 감정을 해결하는 법

1. 상대방의 생각을 바꾸려 하지 마라

상대방의 마음은 바꿀 수 없는 것이다. 감정의 문제를 해결하기 위해 흔히 상대방의 마음을 바꾸려고 노력하지만 사실 그것은 부질없는 짓이다. 자신의 감정은 자신만이 바꿀 수 있다. 외부에서 자신의 마음을 바꾸려 한다는 것을 눈치 채면 사람들은 거부감만 느낀다.

2. 감정을 인정하라

상대의 마음을 바꿀 수 없다면 어떻게 해야 할까? 상대방의 감정을 있는 그대로 인정하는 것이 필요하다. 내가 자기 마음을 이해하고 있음을 알고 나면 그는 나에게 동질감을 느낄 것이다. 같은 배를 타고 있다는 느낌이랄까? 그 후에는 더 이상 나에 대해 견제의식을 갖지 않는다. 이제는 내 이야기가 자연스럽게 받아들여질 수 있다.

3. 결론은 상대방에게 맡겨라

주도권을 갖고 내가 결론을 내려야만 상대방이 설득될 것이라고 생각해서는 안 된다. 스스로에 대한 설득은 자신이 하는 것이다. 혼자 선택하고 결정하는 것이다. 단지 나는 긍정적인 조언자로서의 역할로 족하다. 혹 나에게 불리한 결론을 내리더라도 그것까지 인정해줄 수 있어야 한다. 우리가 해결하고자 하는 것은 문제가 아니라 감정이라는 사실을 기억하라.

4. 인간적인 친구가 되라

사람은 느낌으로 알아보는 법이다. 에머슨은 "당신의 인격이 아주 큰 소리로 알려주기 때문에 당신이 하는 말은 잘 들리지 않는다"라고 말했다. 말의 진위는 금방 드러나는 법이다. 오직 인간적인 배려와 진실함만이 좋은 감정을 전할 수 있고 진정으로 믿을 만한 사람이라는 확신을 준다.

사람의 감정을 해결하는 법
1. 상대방의 생각을 바꾸려 하지 마라
2. 감정을 인정하라
3. 결론은 상대방에게 맡겨라
4. 인간적인 친구가 되라

33

적당한 긴장감을 유지하라

사람은 모름지기 세계와
신에 대한 태도를 자신이 결정해야 한다.
—톨스토이

일에는 적당한 긴장감이 필수적이다. 긴장하지 않으면 실수하거나 느슨해져서 신경을 덜 쓰게 되고, 가치 있는 것을 발견하기가 어려워진다. 인생에서 중요한 의미를 찾아내는 사람들은 긴장감을 극복한 사람들이다. 잘되는 일에는 감동이 없다는 말은 이를 두고 하는 말일 것이다. 어디서건 맨 앞자리에 앉아서 긴장감을 유지할 수 있는 사람은 얻는 것도 많다.

'변화'라는 제목으로 강의를 해달라는 부탁을 받았을 때 일이다. 대부분의 교육장 분위기는 비슷하다. 앞자리는 텅 비어 있고 가운데와 뒤쪽의 좌석은 꽉 찬다는 공통점이 있다. 그곳도 마찬가지였다. 막 강의를 시작하려고 할 때 뒷문을 열고 한 사람이 들어왔다. 그는 앞으로 당당하게 걸어왔다. 내심 앞에 앉아줄 것을 기대하고, 시작하면서 칭찬의 말 한마디를 해야지 하고 생각했다. 하지만 그의 행동에 모두들 당황했다. 그는 앞에 있는 의자를 들고 제일 뒤로 갔던 것이다.

교실에서 앞에 앉아 있는 학생들은 집중력이 높다. 선생님이 언제 질문을 해올지 모르기 때문에 바짝 긴장하고 있어야 한다. 그 집중력 덕에 이해할 수 있는 것도 많아진다. 당연히 성적도 좋을 수밖에 없다. 반면에 뒤에 앉아 있으면 안전하다. 졸아도 들킬 가능성이 적고 질문을 받을 확률도 현저히 줄어든다. 긴장감이 없으니 집중력도 떨어지고 성적도 그와 비례한다. 잠이 와서 뒷자리에 앉는 사람보다 뒷자리에 앉아 있다 보니 졸음이 쏟아지는 경우가 더 많을 것이다. 자리가 사람을 만든다고 했는데 이 경우를 두고 하는 말일 것이다.

자신에게 긴장감을 주지 않는 쉬운 일들은 창의성과는 거리가 멀다. 시간을 보내는 것일 뿐 삶을 의미 있도록 만들지는 못한다. TV 보기가 그렇고, 빈둥거리기가 그렇고, 일상적으로 일어나는 틀에 박힌 반복적 업무들이 그렇다. 사람들은 자신을 가치 있게 만들기 위해 필요한 자극을 주는, 조금은 난해한 업무들을 접할 때 발전할 수 있다. 긴장감이 싫어서 쉽고 편한 일들을 선택하면, 그 결과 얻는 것은 감동이 아니라 따분함이다.

아내와 싸웠다. 나는 아내와 싸워서 이기지 못한다. 힘도 딸리거

니와 싸울 만한 태도를 갖춘 성격이 아니다. 싸움은 태도에서 70%가 결정된다고 했던가? 이런 경우 나의 최고 무기는 자학이다. 무능력하고 자신감 없고 마치 인생에서 완전히 실패한 사람처럼 몇 시간을 축 처져서 있는 것이다. 아내는 곧 동정심 때문에 스스로 잘못했다고 인정하고 약간의 애정을 보여주려 한다. 나는 그것을 즐긴다.

한번은 싸운 뒤 분위기가 괜찮아질 때쯤 나사못 이야기를 해줬다. 나사못은 너무 느슨하게 조이면 제 역할을 하지 못한다. 나무판자와 다른 나무판자를 고정시켜야만 탁자가 되든지 책상이 되든지 할 테지만, 느슨해진 나사못으로는 금방 부서질 탁자밖에 만들지 못한다. 반대로 나사못을 너무 심하게 조이면 헛돌아서 완전히 못쓰게 되어버린다. 나사못뿐만 아니라 접합해야 할 나무판자들까지 쓸모없는 것으로 만들어버린다. 부서지지 않을 만큼 적당히 조여야 제 역할을 하는 것이다.

남편도 마찬가지다. 너무 느슨하여 무관심하게 대하면 남편으로서의 역할을 방기하려 한다. 하지만 너무 심하게 다그치면 집안에 정을 못 붙이고 다른 곳을 기웃거린다. 현명한 아내는 적당히 조이고 적당히 풀어주는 때를 가릴 줄 안다.

아이들도 마찬가지다. 아이의 특성에 맞게 적당한 관심과 애정이 필요한 것이지 지나친 간섭과 지나친 방기는 아이를 망친다. 부하직원들, 친구들, 애인까지 모두 마찬가지가 아닐까 싶다.

내 말을 들고난 후 아내가 한 말은 이랬다.

"말은 참 잘해요."

그 말을 들으려고 한 건 아니었지만 자기 나름대로 느끼는 바가 있는 것 같아 더 이상의 말은 하지 않았다. 이럴 때 말을 너무 많이 하면 나사못을 심하게 조이는 것과 같다.

누군가 "남자는 여자가 사육한 최후의 가축이다"라는 말을 했던 것 같다. 맞는 말이다. 그렇다면 여자들은 남자들을 사육하는 적당한 방법을 배워야 한다. 주인이 아무리 빨리 키우려고 해도 성장에는 한계가 있는 법이다. 빨리 키울 욕심에 하루에 너무 많은 것을 먹여서도 안 되고 너무 적은 먹이를 줘서도 곤란하다. 경험이 많은 현명한 아내들이 필요한 세상이다. 세상의 평화는 남편을 키우는 아내의 역할에 달려 있다고 믿는다.

앞자리에 앉을 것인지 뒷자리에 앉을 것인지, 나사를 꽉 조일 것인지 느슨하게 풀어놓을 것인지는 자신의 선택이다. 그러나 그 선택으로 인해 얻는 결과들은 전혀 달라진다. 인생의 뒷자리에 앉아 편히 쉬며 졸 것인지, 약간의 긴장감과 일에 대한 긍정적인 태도로 삶의 태도를 바꿔볼 것인지를 결정하는 것은 결국 자기 자신이다. 이런 문제는 평소의 습관과 생각하는 자세에 의해 좌우되게 마련이다.

자신을 엄격하게 대하지 않으면 습관화된 일상에서 빠져나올 수 없다. 횟감이 신선도가 생명이라면, 생활은 긴장감이 생명이다.

Skill of Life
적당한 긴장감을 유지하는 법

1. 교육이나 회의시간에는 무조건 앞쪽에 앉아라

앞쪽에 앉으면 긴장할 수밖에 없고 강사의 말이 귀에 잘 들어온다. 잠도 오지 않는다. 회의시간에 의견을 내는 횟수가 자연스럽게 많아진다. 그것이 반복되면 다른 사람들도 당신을 다르게 볼 것이다. 당신은 생산적인 사람으로 변해간다.

2. 근거 없는 낙관주의를 주의하라

잘돼가는 것처럼 보여서 마음 놓고 있었더니 갑자기 큰 문제가 눈앞에 펼쳐지곤 한다. 놀라서 이리저리 뛰어보지만 이미 때는 늦었다. 일이 잘되어가는 것은 뭔가 눈앞에 위험이 도사리고 있다는 징조일 수도 있다. 타이타닉 호도 순항하는 듯 보였지만 결국 빙산과 만나지 않았던가.

3. 오래 만나지 않았던 친구에게 전화를 해보라

친했지만 오랫동안 연락하지 못했던 친구들을 만나보자. 의외의 동기를 남겨주고 가는 경우가 많다. 인간은 항상 옆에 있으면 변하는 모습을 발견하기 힘들지만 어쩌다 한번 만나면 그동안 변했던 모습이 한눈에 들어온다. '그는 이렇게 발전했는데 나는 뭘 했나?' 하는 생각과 함께 좀더 열심히 살아야겠다는 오기도 발동한다. 성장하는 친구의 모습을 확인해보는 것은 생활의 긴장감을 유지하는 좋은 방법이다.

4. 자신의 성장한 모습을 보여주라

반대로 자신의 발전한 모습을 친구들이나 다른 사람들에게 보여주는 방법도 있다. 그동안 쌓아두었던 결과물을 가까운 사람들에게 보여주면 그들은 충격을 받을 것이다. '저 친구가 언제 저걸 저만큼이나 했지? 이거 큰일 났군. 나도 분발해야겠어.' 이런 생각을 하면서 사람들은 당신을 부러워하는 동시에 견제하는 눈으로 바라볼 것이다. 그리고 나면 당신은 이미 본전을 다 보여줬기 때문에 이제 다른 것을 준비해야만 한다.

5. 기준을 다른 사람에게 두지 마라

자기 발전의 기준은 자기 내부에 있어야 한다. 그래야 시간의 흐름에 따라 성장하는 자신의 모습을 비교할 수 있다. 다른 사람이나 외부 세계가 기준이 되어서는 자신의 모습이 변화하는 과정을 발견할 수 없다. 기준이 모호해지면 긴장감도 사라진다. 어제의 나와 오늘의 나를 알고 있는 사람만이 자신을 건강하게 유지할 수 있다.

34

작심삼일 하라

유감스러운 것은 좋은 습관은
나쁜 습관보다 포기하기가
훨씬 쉽다는 사실이다.
— 서머셋 몸

하루가 바뀌지 않으면 인생은 바뀌지 않는다고 했다.

하루를 의미 있게 만들어보겠다는 생각에 가장 먼저 목표로 내세우는 것은 일찍 일어나는 일이다. 나 또한 목표를 세우게 되면 새벽 5시에 일어나 약간의 스트레칭과 함께 샤워를 하고 만족할 정도로 아침을 먹는다. 이렇게 집을 나서면 기분도 좋다. 일찍 일어나겠다는 목표를 달성했기 때문이다. 버스를 타고 가면서 책을 읽는다. 가끔은 버스 안에서 졸기도 하는데 오늘은 결코 졸지 않겠다고 결심하고 비틀거리는 버스 안이지만 집중력을 발휘해서 도착할 때까지 책을 읽는다. 사람들은 이런 내 모습을 흘겨보기도 하는 것 같다. 아무튼 기분은 좋다.

사무실에 들어가면서 큰 소리로 인사를 한다. 동료들은 큰 목소리로 답해주기도 하고 좋은 일 있냐며 묻기도 한다. 책상에 앉아서 오늘 할 일을 꼼꼼하게 점검해서 노트에 적어본다. 차분하게 덤벙대지 말고 충실히 해보자고 다짐하면서 커피를 한 잔 마신다. 커피가 맛있다.

첫 번째 일은 어제 다하지 못한 기획서 마무리. 다른 팀의 협조를 구해야 하지만 오늘은 보기 싫은 홍 대리에게 협조를 구하는 일도 주저할 것이 못 된다. 기획서는 두 시간 만에 깨끗하게 마무리되었다.

두 번째부터가 문제다. 집중력이 흩어지기 시작하고, 처음 일을 잘했으니 좀 여유 있게 하자는 생각이 들었고, 특유의 품성인 '대충대충'이 살아나기 시작한다. 두 번째 일은 대충 끝냈다. 그리고는 점심을 먹었다. 점심시간은 한 시간이지만 밥 먹는 시간은 30분이면 충분하다. 어제의 내 결심은 남는 점심시간에 책을 읽는 것이었다. 그러나 전자오락실에서 20분을 보내고는 거의 1시가 다 되어서야 사무실로 돌아왔다.

오후의 일들은 별로 생각나는 것이 없다. 아침에 일찍 일어나서 즐거운 마음으로 했던 모든 일들이 부질없어 보이고 모든 결심들이 무의식 속에 갇혀 제 힘을 발휘하지 못했기 때문이다. 퇴근도 하기 전부터 이미 예전의 나태한 나로 완전히 되돌아가 있었다. 그리고는 아무 생각 없이 평소와 같은 생각과 행동을 반복했다.

이것이 보통 사람들이 경험하는 작심삼일, 아니 작심하루의 사이클일 것이다.

자신은 변화하고 있다고 생각하지만 실상은 전혀 그렇지 못한 경우가 많다. 변화를 위한 행동은 없고 변화해야겠다는 마음만이 있다.

이런 '변화 없는 변화' 야말로 현대인이 직면한 위기의 존재양식이다. 해야지 하는 생각만으로 바뀌는 것은 없기 때문에 자신은 발전할 수 없다고 포기하기 시작한다. 일어나는 일에 대한 해석과 책에서 읽는 지식의 축적만으로는 세상의 어떤 문제도 해결하지 못한다. 문제를 해결하는 것은 실천이다.

행동 없는 변화의 원인을 알고 난 후에 얼른 배운 방법 하나가 있다. 문제에 직면했을 때, 그 해결 방법이 생각나면 내가 할 수 있는 것과 없는 것을 먼저 구분한다. 그 중 할 수 없는 것은 한쪽 옆으로 제쳐둔다. 시간이 흐르고 능력이 갖추어지면 그때 해도 늦지 않을 것이다. 그리고 내가 할 수 있는 일은 곧바로 실천한다. 생각났을 때 그냥 하는 것이다. 머뭇거리는 시간이 길수록 행동으로 이어지는 경우가 드물다.

나의 아버지를 친아버지처럼 모시고 따랐던 사촌누나가 암으로 투병 중이었다. 마침 그 지역에 교육을 갈 기회가 있어 꼭 들러야겠다고 생각했다. 교육시간보다 좀 일찍 출발해서 한 시간 정도의 여유가 있었지만, 교육 준비를 하며 좀 쉬고 싶다는 생각이 나를 갈등하게 했다. 결국 나는 몸이 편한 쪽으로 선택하고 말았다. 그리고 지금까지 아직 병문안을 가지 못하고 있다.

그 후 내가 선택한 전술의 핵심은 딴 생각이 들기 전에 무조건 하는 것이었다. 내가 할 수 있겠다는 생각이 들면 그냥 하는 것이야말로 가장 좋은 변화의 방법이다. 할 수 없는 것에 집착해서 아쉬워하거나 현재의 나를 비하하지 않으니 스트레스가 적다. 할 수 있는 것에 집중해서 긴 생각 없이 행하니 시간을 줄여주고 이룰 수 있는 가능성도 높아진다.

무슨 일인가 앞두고 주저하는 순간, 내가 선택할 수 있는 가장 좋은 방법은 생각난 것들을 그냥 하는 것이다. 이 방법은 작심삼일을 무수히 반복하는 것과 같다. 해야겠다는 결심이 들 때 하는 것이다. 이런 결심의 행동들이 반복되면 결국 좋은 습관이 생긴다.

그것이 바로 '변화'이다.

.

Skill of Life

작심삼일을 극복하는 방법

1. 남들에게 알린다

담배를 끊었다며 벌써 열 번도 넘게 중대 발표를 하는 사람이 있다. 남들에게 선언을 하고 나면 그것을 지켜야 한다는 부담감이 강해서 인내심이 더 생긴다고 한다. 그는 일부러 남들에게 선언하고 다닌다. 그래야 조금이라도 더 오래 담배를 끊을 수 있기 때문이다. 남들에게 알리면 작심삼일이 '작심오일'이 될 것이다.

2. 구조를 만든다

작심삼일의 내용을 지키기 위해 일상의 구조를 만들어 넣는 것이다. 시간의 틀을 만들어놓고 그 시간을 지키는 방법도 있고, 다른 사람과의 약속을 정해두고 그 시간에는 반드시 그것을 할 수밖에 없도록 하는 방법도 괜찮다. 이런 방법들은 변명을 하지 못하게 만든다. 즉, 자신과의 약속을 어겼을 때 결국 나의 게으름 때문이라며 자신의 나태함을 인정할 수 있게 한다. 게으른 태도는 우리가 통제할 수 있는 영역이다.

3. 마감시간을 정해둔다

신문기자들에게는 마감시간이 있다. 그 시간 안에 기사를 제출해야 한다. 마감시간이 없다면 원고를 수정하느라 언제 제출할지 모를 일이다. 사람들은 완벽하게 해야 한다는 이유로 일의 결말을 미루는 경향이 있다. 마감을 정해두면 그 시간까지는 반드시 끝내야 하므로 완벽하지는 않지만 지금 일을 정리할 수 있다. 그리고 그 시간에 대한 압박이 자신의 결심을 유지하는 촉진제 역할을 하게 된다.

4. 나는 할 수 있음을 상기한다

상상할 수 있는 것 중에서 이루어지지 않는 것은 없다. 상상한다는 것은 그렇게 할 수 있음을 우리가 이미 인지하고 있다는 증거이다. 목표를 세웠다는 것은 그것을 할 수 있기 때문에 가능한 일이었다. 할 수 있음만을 생각하는 사람에게는 할 수 없는 게 없는 법이다. 자신에 대한 믿음이 강해지면 정말 할 수 있게 된다.

5. 일주일에 하나!

일주일을 시작하기 전에 가장 중요한 한 가지를 기록해두자. 그리고 무슨 일이 있어도 그 일주일 동안 그 일을 마치도록 하자. 가능하다면 이 방식을 하루에도 적용시켜보고 한달에도 적용시켜보자.

35

결단력을 길러라

혁명은 하나의 불행이다.
더 큰 불행은 실패한 혁명이다.
－하이네

월트디즈니사의 CEO를 지내면서 제2의 디즈니 신화를 만들어 냈다는 평가를 받고 있는 마이클 아이즈너(Michael Eisner)는 어렸을 때 무척이나 겁이 많고 허약한 체질이었다고 한다. 그가 15살이었을 때 야생에서 다른 7명의 대원들과 3주일을 지내야 하는 야생 탐험 캠프에 참가했을 때의 일이다.

부모님을 졸라서 캠프에 참가하기는 했지만 막상 캠프가 시작되려고 하니 겁이 나서 아무것도 할 수가 없었다. 다른 대원들은 모두 들뜬 기분으로 식량과 노, 각자의 캠핑 장비를 챙기고 있었지만, 그는 야생에서의 두려움에 치를 떨면서 어떻게 하면 이 위기에서 빨리 벗어날 수 있을까를 생각했다. 그가 캠프에 참가한 것은 주위의 어른들에게 인정받고 싶어서였지만 이제는 그들의 품으로 돌아가기를 간절히 원하고 있는 것이다.

그때 브라우니라는 탐험대의 리더가 그에게 다가와서는 이런 이야기를 했다고 한다.

"얘야, 나도 이런 큰 모험을 앞두면 항상 긴장이 된단다. 하지만 머릿속에선 모든 상황이 실제보다 훨씬 위험하게 생각되게 마련이다. 애써 마음을 가라앉히고 어려움을 헤쳐나가다 보면 결국 아무일 없이 안전하게 끝나더구나. 아주 좋은 경험을 하게 되지. 그리고 매번 '왜 그렇게 시작도 하기 전에 내가 겁을 먹었나.' 하고 스스로가 한심해진단다."

그의 이야기를 듣고 나서는 긴장감이 누그러지고 캠프를 마무리할 수 있었다고 한다. 그리고 그에게서 들었던 그때의 말이 잊혀지지 않고 평생 머릿속에 남아 두려움을 없애고 행동의 결단을 내릴수 있는 지침이 되었다고 한다.

우리는 머릿속에서 너무나 많은 쓸모없는 생각들을 하고 있다.

'혹시 그가 나를 싫어하면 어쩌나?'

'나도 저런 꼴을 당하면 어쩌나?'

'내일은 상황이 좋아지지 않을까?'

이런 생각들로 시간을 보내면서 상황이 좋아지기만을 기다리고 있다. 하지만 행동을 하지 않으면 아무것도 이루어지는 것은 없다. 게다가 지금의 두려움과 나태함에서 벗어나기 위해서는 결단이라는 것이 필요하다. 지금 하겠다고 결단을 내리는 용기야말로 지금의 우리를 구할 수 있는 유일한 덕목일지도 모른다.

보통의 사람들은 나이가 들수록 보수적이고 수동적으로 변해가는 경향이 있다. 지금의 생활수준을 지켜내야겠다는 옹졸한 생각과 함께 나이가 들면서 육체적으로나 정신적으로 할 수 있는 것들이 없어진다고 스스로 결론을 내리기 때문이다.

이름 : 서상록 (徐相祿)

출생 : 1937년

약력 : 1966년 대유흥업 사장

1980년 미국 공화당 중앙상임위원

1992년 삼미그룹 부회장

1998년 호텔롯데 쉔브룬 견습 웨이터

2001년 서상록닷컴 설립, 대표이사 회장

2003년 서울외국어대학원대학교 부총장

노인권익보호당 명예총재

인터넷에서 찾아낸 그의 프로필이다. 그는 어느 강연에서 "미쳐야 한다. 미치지 않으면 되는 일이 없다"고 말했다. 일흔을 바라보는 나이에 이런 말을 하는 그가 진정한 '젊은이'라는 느낌이 들었다. 환갑이 지난 나이에 웨이터 견습생이라는 직업을 선택할 수 있는 사람은 드물다. 게다가 그는 대기업 부회장 시절에 배운 것보다 훨씬 많은 것들을 웨이터라는 직업을 통해 배웠음이 분명해보였다.

그의 말을 들으면서 이런 생각을 해보았다.

'나는 과연 지금의 직업과 일들을 포기하고 새로운 것을 찾아 당장 떠나갈 수 있을까?'

쉽지 않은 일임에 분명하다. 존 맥스웰도 지적했듯이, 변화에 대한 기본 법칙은 세상의 모든 것은 변한다는 제1의 법칙과 사람들은 그 변화를 싫어한다는 제2의 법칙으로 이루어져 있다. 사람들은 변해야 한다는 사실은 알면서도 그 대상이 내가 아니었으면 하고 바라고 있는 것이다.

산에 오르는 것을 좋아하는 사람이 있고 싫어하는 사람도 있다. 산에 오르기를 싫어하는 사람도 막상 산에 올라 정상에서 시원한 바람을 쐬고 나면 다음에 또 와야겠다는 말을 하곤 한다. 하지만 산을 내려가면 그 말을 잊어버리고 만다. 그때 다시 산에 오를 수 있도록 하는 것은 바로 그의 결단력의 수준에 달려 있을 것이다.

Skill of Life

결단력을 기르는 방법

1. 결단력도 습관이다

순간순간의 결단이 모여서 습관이 된다. 세상이 변하고 세월이 흘러 그 습관 또한 옛것이 되었을 때 또 다른 결단이 필요해진다. 그 습관을 끊고 새로운 습관을 만들기 위한 결단이다. 사소한 결정들이 모두 결단이 된다는 사실을 알아야 한다.

2. '정의'를 내려본다

세상에 대한 정의가 사람을 바꾼다고 했다. 세상을 어떻게 바라보느냐에 따라서 사람의 모습도 달라진다. 예를 들어 세상은 지옥이라고 생각하는 사람은 세상을 부정적으로 살게 된다. 반면에 그래도 세상은 살 만한 것이라는 긍정적인 정의를 가진 사람에게서는 좋은 향기가 나는 법이다. 일이나 순간에 대해 정의를 내림으로써 자신의 관점을 갖도록 하자. 정의를 내리면 행동도 뒤따른다.

3. 즉시 한다

뭐니뭐니해도 결단력을 기르는 가장 좋은 방법은 생각났을 때 즉시 행동으로 옮기는 것이다. 그것이 습관이 되면 결단이 두렵지 않다.

4. 자기보다 높은 지위에 있는 사람의 입장에서 결정한다

'만약 내가 우리 팀의 팀장이라면?' '내가 부모님의 입장이라면 어떻게 했을까?'

자기보다 한 단계, 혹은 두 단계 정도 높은 지위에서 보면 쉽게 결정을 내릴 수 있다. 자신이 권한을 갖고 판단하기 때문이다. 더구나 자신의 입장에서 생각하지 못했던 사항들까지 생각해내는 행운을 얻게 된다.

5. 긍정적으로 생각한다

세상을 긍정적으로 보지 않으면 아무런 결단도 할 수 없다. 실직이 두려워서 중요한 행동을 하지 못하게 될 수도 있다. 혹은 다른 사람들이 나를 비난하지나 않을까 하는 부정적인 생각 때문에 하고 싶은 말도 못하며 불행하게 살아가야 할지도 모른다.

결단력을 기르는 방법
1. 결단력도 습관이다
2. '정의'를 내려본다
3. 즉시 한다
4. 자기보다 높은 지위에 있는 사람의
　 입장에서 결정한다
5. 긍정적으로 생각한다

36

생활 속의 작은 것들을 바꾸어보라

나는 특별한 재능이 있는 것이 아니다.
단지 굉장히 호기심이 많을 뿐이다.
－아인슈타인

슬프기 때문에 우는 것이 아니라 울기 때문에 슬퍼진다.

매닉 먼데이(manic monday)라는 말이 있다. 황금 같은 주말과 휴일을 보내고 월요일 아침이면 출근하기 싫어서 우울증에 빠진다. 문제는 월요일뿐만 아니라 화요일도, 수요일도, 목요일도 다른 날들도 모두 출근하기 싫다는 것이다. 자기만을 괴롭히는 것 같은 상사가 싫고, 걸려오는 고객들의 전화가 지긋지긋해서 더 이상 출근하고 싶지 않을 때가 있게 마련인데, 그것들이 일상화되면서 스트레스가 히스테리로까지 발전하기도 한다.

이런 날들을 나는 대나무의 마디가 생기는 시기라고 생각한다. 대나무는 자라다가 마디가 생기면 그 마디에서 가지와 잎들이 뻗어나간다. 사람도 생활을 하다가 어떤 어려움에 봉착했거나 고생스러운 경험을 했을 때 새로운 생각과 발전의 계기가 만들어지는 것이다. 월요병도 잘 이겨내면 발전의 계기가 될 수 있다.

나는 출근하기 싫어졌을 때 맘껏 멋을 낸다. 먼저 깔끔하게 목욕을 한다. 신체의 청결은 세상일에 대한 자신감을 낳게 한다는 경험 때문이다. 내 몸이 깨끗하고 깔끔하니까 마음도 그에 따라 깨끗해지고 세상도 어둡게만 보이지 않는다.

목욕을 한 후에는 새 양말을 꺼내 신는다. 그리고 날이 잘 선 와이셔츠를 꺼내 입고 화사한 넥타이를 골라 산뜻하게 매어본다. 양복도 가볍고 밝은 색상으로 골라 잘 다려서 입는다. 머리 스타일은 크게 바꾸지 않아도 무스 같은 것을 약간만 바르는 것이 좋다. 너무 많이 바르면 시골 캬바레의 제비 같아 보일지도 모른다. 가능하다면 이발을 해서 머리 스타일까지 확실하게 바꾸는 것도 좋겠다. 일이 아니라 나를 뽐내기 위해서 출근한다고 생각하면서 자기를 가꾸어보는 것이다.

몸이 청결하고 옷차림이 깔끔해지면 사람이 변한다. 어두웠던 마음도 밝아지고 세상일도 못할 일이 없다 싶어진다. 이렇게 정장을 하면 몸놀림이 그다지 편하지는 않다. 그래도 오히려 약간의 불편함이 긴장감을 유지하도록 해준다. 옷이 구겨질까봐, 이물질이 묻을까봐 조심하게 되고 그것이 몸에 배어 하고 있는 일에도 영향을 미치는 것이다. 이런 이유 때문에 아직도 많은 학교들이 학생들이게 교복을 입도록 하고, 회사나 레스토랑에서도 직원들에게 유니폼을 입도록 한다. 사람은 어떻게 입느냐에 따라서 태도가 달라진다.

목욕을 하고 옷을 깔끔하게 입어도 기분이 나아지지 않으면 거울을 보자. 전신이 다 보이는 큰 거울일수록 좋다. 거울을 보면서 자신의 눈을 보며 크게 한번 웃어보는 것이다. 눈도 찡그려보고 입도 씰룩거려보고 목도 한번 돌려보면서 자신의 모습을 관찰하며 웃어보자. 그리고는 '나도 이만하면 괜찮은 놈이야'라고 스스로 생각하자. 기분이 훨씬 좋아질 것이다. 기쁜 일이 있어야만 활짝 웃을 수 있는 것이 아니다. 활짝 웃음으로써 우리는 자신을 기쁘게 할 수 있다.

그 사람의 친구를 보면 그를 알 수 있다고 했다. 또 정리정돈 상태를 보아도 그 사람의 마음상태를 짐작할 수 있다. 그의 주변은 그를 닮아가는 것이다. 나는 일이 꼬이고 복잡해져서 머리가 혼란스러울 때는 책상을 정리한다. 책상 위를 치우고 필요 없는 자료들을 정리하고 서랍도 깔끔하게 정리정돈을 해놓으면 마음까지 상쾌해진다. 그리고 책상 앞에 앉으면 새로운 마음으로 다시 시작할 수 있다.

내 주위의 것들이 나를 닮아간다면 나는 어떤 사람일까? 일상을 짜증내며 사람들에게 부정적인 느낌들만 던져주고 가는 사람일까? 그래서 다른 사람들이 나만 보면 피하고 싶어 하지는 않을까? 아니면 가진 건 없지만 나눌 줄 아는, 가까이하면 마음이 편안하게 느껴지는 사람일까?

내 지갑 속의 돈도 나를 닮아 있을 것이다. 아마도 돈이 많고 적음은 큰 문제가 아니다. 어차피 사용하는 방법과 사용하는 곳에 따라서 돈은 나를 닮아 있을 것이다. 나는 지갑을 자신의 안위를 위해서만 사용하고 있는지, 작은 마음이라도 나눌 수 있는 곳에 사용하고 있는지 생각해볼 일이다.

좋지 않은 기분을 아무리 바꾸려 해도 바뀌지 않을 때가 있다. 그럴 때는 억지로 노력하는 것보다 오히려 자신의 옷차림이나 머리 스타일을 바꾸는 것이 효과적이다. 머릿속이 복잡해서 창의적인 생각이 떠오르지 않을 때가 있다. 그럴 때는 머리를 정리하는 것보다 오히려 자기 책상 위를 정리하는 것이 더 빠른 방법이다. 우리가 가진 물건들은 우리 자신을 닮아 있고, 우리가 소유한 물건들의 상태에 따라서 마음도 따라간다. 이것이 거부감 없이 스스로의 마음을 즐겁게 변화시킬 수 있는 작은 실천이다.

Skill of Life

자신의 태도를 바꾸는 방법

1. 집안 청소를 한다

방 안이 깨끗하면 마음도 깨끗해진다. 깨끗한 방을 보면 마음도 깨끗해지고 뭔가 새롭고 상쾌한 마음으로 시작할 수 있는 분위기가 조성된다.

2. 노래를 부른다

자신이 좋아하는 신나는 노래를 따라 불러보자. 그것도 아주 큰 목소리로 제대로 불러야 한다. 이렇게 좋아하는 노래를 큰 목소리로 따라 부르고 나면 눈물이 날 때가 있다. 카타르시스 때문이다. 감정이 정화되고 기분이 한결 좋아진다. 뭔가 잘할 수 있을 것 같은 느낌이 드는 것이다.

3. 땀을 흘린다

땀을 흘리는 것은 몸 안의 노폐물을 제거해주고 마음까지 상쾌하게 해준다. 보통 운동을 통해 땀을 흘리는데 20분 정도면 충분하다. 그 정도는 마음을 새롭게 하는 데 아까운 시간이 아니다.

Action

37

지금에 충실하라

단 하루의 시간이라도
제대로 알고 사용할 줄 아는 사람에게는
무한한 시간이다.
— 괴테

현재, 과거, 미래 중에서 우리가 살아갈 수 있는 공간은 '현재'
밖에 없다. 과거는 이미 지나가버렸고 미래는 아직 오지 않은 시간
이기 때문이다. 그런데 과거에 지나치게 집착해서 현재에 충실하
지 못한 경우가 많다.

"왕년에 내가……."

"한때는 나도 날리는 사업가였지."

"그때 내가 조금만 더 신경을 썼더라면 지금은 완전히 달라져
있을 텐데……."

우리는 이렇게 과거의 자신을 돌아보며 자랑하거나 후회하는 것
에 익숙하다. 과거를 통해 배우려는 마음은 좋지만 불만족스러운
현재에서 도피하고 과거에 매달리는 것은 올바로 사는 방법이 아

닐 것이다. 과거나 미래에 관점을 두면 현재는 관심사에서 멀어지고 결국 가장 중요한 '지금'이라는 시간을 잃어버리게 된다.

어느 동자승이 노승에게 물었다.

"스님, 도(道)란 무엇인가요?"

동자승의 맑은 눈동자를 바라보던 스님이 말했다.

"너는 지금 마당을 쓸고 있구나. 그것이 바로 도란다. 또한 너는 지금 나에게 도에 대해서 묻고 있고 있는데 그것도 또한 도란다."

동자승이 의아하다는 듯 다시 말했다.

"스님, 마당을 쓰는 것이 도이고, 도에 대해서 스님께 묻고 있는 것이 도라면 왜 사람들은 그 쉬운 것을 하지 않는 것일까요?"

노스님은 웃으면서 말했다.

"마당을 쓰는 것과 도를 묻는 것은 '지금'에 집중하는 것이다. 사람들은 지금에 집중하지 못하기 때문에 도를 얻지 못하는 것이란다."

빅터 프랭클은 행복을 추구하는 사람은 행복을 얻을 수 없다고 했다. 행복은 목적이 아니기 때문이다. 무엇인가를 집중해서 하다 보면 자연스럽게 얻어지는 것이 행복이라는 말이다. 집중하기 위해서는 반드시 '지금', '현재'라는 공간이 필요하다. 지금이라는 순간 외에는 우리에게 주어진 시간이나 공간은 없다. 그런데도 과거에는 잘 나갔다는 식으로 지금을 거부하고 과거에 집착하거나, 현재에 충실하려는 노력도 없이 내일은 잘될 것이라는 근거 없이 부풀리는 미래를 꿈꾸며 산다.

불행했던 과거가 자신을 침울하게 만들고 불안한 미래가 스트레스를 가져다주는 이유는 과거와 미래가 실제로 그랬기 때문이 아니다. 당신이 현재를 충실히 살고 있지 못하기 때문이다. 과거와 미래의 함정에서 빠져나오는 길은 지금 당장 무엇인가를 하면서 과거와는 다른 자신의 모습으로 미래를 괜찮은 것으로 만드는 것이다. 지금이라는 시간은 우리에게 유일하기 때문에 소중한 시간이다.

그러므로 지금을 충실하게 살아가도록 하자. 아침밥을 먹을 때는 그것에만 집중하고, 일을 할 때에는 일에, 사람을 만날 때에는 그 만남에, 책을 읽을 때에는 책의 내용에 집중하는 것이다. 이것이야말로 행복의 원천이며 지나간 과거를 의미 있게, 다가올 미래를 희망차게 만드는 유일한 방법이다. 다른 방법이란 없다. 에머슨도 이와 같은 말을 남겼다.

"삶의 목적은 행복해지는 것이 아니라 쓸모 있고 존경할 만하며 인정 많은 사람이 되는 것, 그리고 별다른 일 없이 살아온 인생을 뭔가 다르게 만드는 것이다."

지금 당신이 하고 있는 모든 것들은 수단이 아니다. 돈을 벌기 위해 일을 하고, 지식을 쌓기 위해 책을 읽고, 아이를 잘 키우기 위해 같이 공부를 하는 것이 아니다. 일이 의미 있는 것이기 때문에 일을 하는 것이고, 배우는 즐거움을 알기 때문에 책을 읽는 것이고, 아이와 같이 있으면 행복하기 때문에 같이 공부를 하는 것이다. 지금 당신이 하고 있는 것이 목적이 될 수 있다면 행복이나 돈 같은 것들은 자연히 따라올 것이다.

"세상이 왜 이렇게 불합리해!"라고 말하는 이들은 현재를 충실히 살아가고 있지 않은 사람들이다. 현재 행복함을 느끼는 사람들은 과거의 자신이나 상황과 비교해야 할 이유가 없다. 당신은 지금 충실하고 있는가?

지금에 충실하도록 하는 방법

1. 걱정하지 마라

걱정할 필요가 없다. 우리는 '내가 과연 그것을 할 수 있을까?' 하고 걱정한다. 하지만 그것들은 모두 내가 할 수 있는 것들이다. 할 수 없는 것들은 생각할 수도 없기 때문이다.

2. 통제할 수 없음을 알아라

과거는 통제할 수 없다. 과거에 집착해서는 안 된다. 바꿀 수 없는 것을 바꾸려 하거나 후회할 시간에 행동하는 것이 진정으로 바른 방법이다.

3. 한 번에 한 가지 일만 하라

해야 할 일이 많다는 생각이 들면 마음이 바빠진다. 그래서 이런 저런 일들에 동시에 손을 대는데, 동시에 여러 가지 일을 하면 제대로 되는 일은 없고 시간만 흘러간다. 한 번에 하나만 해야 한다. 그것이 가장 효율적이고 지금에 충실할 수 있는 비결이다.

4. 여유를 가져라

당신이 생각하는 것보다 일을 끝낼 수 있는 시간적인 여유는 많다. 빨리 일을 끝내고 쉬고 싶다는 생각 때문에 시간이 없다고 생각하는 것은 아닌가? 일에 대한 여유를 가져야만 현재에 집중할 수 있다. 시간에 쫓겨다녀서는 즐기지 못하고 의무감만 앞설 뿐이다.

5. 좋아한다고 말하라

좋아하는 것은 좋아한다고 말해야 한다. 그래야 사람들의 눈치를 보지 않고 그것에 몰입할 수 있다. 게임을 좋아한다고 말하지 못하고, 바둑을 좋아한다고 말하지 못하고, 사람을 좋아한다고 말하지 못하는 이유는 다른 사람들의 눈치를 보기 때문이다. 다른 사람들 때문에 좋아하는 것을 못한다면 지금에 충실할 수 없다.

지금에 충실하도록 하는 방법
1. 걱정하지 마라
2. 통제할 수 없음을 알아라
3. 한 번에 한 가지 일만 하라
4. 여유를 가져라
5. 좋아한다고 말하라

38

1분을 효과적으로 활용하라

반박할 여지가 있는 모든 것을
논쟁하자면 끝이 없다.
　　　　　－윌리엄 펜

　　일할 때에는 죽어라 일하고 쉴 때에는 푹 쉬는 것, 이런 방식을
생산적인 삶의 방식으로 추천하고 싶지는 않다. 공부할 때 공부하
고, 놀 때 놀고, 일할 때 일하는 것은 일과 놀이가 명확히 구분되는
시절에 유행하던 방식이다. 시간은 흘러 세상은 변했고 지금은 이
런 방식이 재미있지도 유익하지도 않다.

　　이런 태도를 취할 경우, 일하는 시간은 억지로 노동을 하는 시간
이고 쉬는 시간이야말로 삶의 즐거움을 보장하는 것이 된다. 집에
서의 안락한 휴식과 양식을 위한 월급을 받기 위해 의무적인 노동
을 행하는 것이다. 그러나 우리가 살고 있는 시대의 일상은 그렇지
가 않다.

　　하루 24시간은 모두 소중한 시간이고 그 시간마다 각각 다른 의

미가 있다. 일하는 시간은 자신의 힘으로 어떤 것을 만들어내는 시간이고, 집에서의 시간은 가족과 사랑의 의미를 나누며 확인하는 시간이고, 출퇴근 시간은 틈새를 이용해서 세상을 살피고 자신을 점검해보는 사색의 시간으로서 의미가 있다. 디지털화된 우리의 정신세계는 하루를 일하는 시간과 쉬는 시간, 출퇴근 시간으로 나누어, 생산과 소비라는 이분법적인 방식으로 인식하는 것에 익숙하다. 이런 사고는 진정한 삶으로부터 자신을 멀어지게 한다.

일하는 시간과 쉬는 시간은 통합될 수 있으며 통합되어야 한다.

사무실이 이전하는 바람에 출근 시간이 한 시간에서 두 시간으로 늘어났다. 사람들은 어떻게 다니냐며 걱정했고 이사를 해야 한다고 충고를 아끼지 않았다. 그들에게 출퇴근 시간은 고생하는 시간 혹은 버리는 시간이기 때문일 것이다. 그러나 내게는 달라진 것이 별로 없었다. 때문에 이사할 마음도 없었다. 변한 것은 단지 하루에 집에 있는 시간이 두 시간 줄어들었다는 것뿐이다. 반대로 출퇴근 시간이 두 시간 늘어난 것뿐이다.

의미로 따지자면, 출퇴근 시간에 얻을 수 있는 새로운 것들이 생김으로써 집에서 얻을 수 있는 것들을 잃어버린 것이다. 가족과 함께 하는 시간이 줄어든 대신 혼자 생각할 시간이 늘어난 것이다. 사람들은 이런 시간의 재배치를 견디지 못한다. 그러나 나는 이것을 계기로 생활에 변화가 생기면서 생각할 수 있는 시간을 얻었다. 때문에 집이 소중하다는 것을 다시 한 번 확인할 수 있었고 집에 있는 시간은 좀더 충실해지도록 노력하게 되었다. 집에 있는 시간 동안 대부분 소파에 누워 TV를 본다면 차라리 그 시간이 적어진 게 다행스럽지 않을까.

출근하는 시간은 독서를 하고 생각을 깊이 하고 글을 쓰는 시간 으로 충분한 가치가 있다. 사람들은 지옥철을 오가면서 무슨 책을 읽느냐고 하겠지만 실제로 지하철에도 독서하는 사람들은 많다. 오직 책을 읽지 않는 사람들만 그런 핑계를 댈 뿐이다.

집에 있는 시간이든 출퇴근을 하는 시간이든 시간은 모두 소중 하다. 하루를 사는 것은 나 자신이며 하루의 시간 어디를 가든 나 는 항상 시간과 함께 할 것이기 때문이다.

나는 장기를 좋아하고 실력도 괜찮은 편이다. 보통의 사람들이 포(包)를 임금 앞에 배치하는 포장기를 두는 반면 나는 상(像)을 임 금의 전면에 내세우는 상장기를 둔다. 상장기는 포장기와는 달리 멀리 있는 적군을 공략하기 쉽기 때문에 상대가 예측하지 못하는 순간 적의 뒤통수를 칠 수 있다는 장점이 있다. 한때 인연을 맺은 할아버지께 수많은 패배를 하면서 배운 기술이다.

하지만 상장기도 단점이 있다. 최대 단점은 바로 졸(卒)에 있다. 졸이 주위에서 제대로 받쳐주지 못하면 아무런 힘도 쓸 수가 없다. 실제로 내 친구는 포나 마(馬)로 졸을 죽이는 수를 써서 나를 이긴 적이 있다. 졸은 장기판에서는 가장 힘이 없고 활용도도 낮은 병사 임에 분명하다. 하지만 이런 졸이 없으면 행마를 운행할 수 없고 자신의 약점이 커져서 결국 지고 만다.

우리 일상도 마찬가지다. 인생은 1분 1초들이 쌓여서 만들어지는 거대한 시간의 여행과 같다. 때문에 순간순간의 시간에 충실하지 않으면 인생을 충만하도록 만들 수 없다.

나는 버스 안에서, 점심시간에, 지하철을 기다리면서, 화장실에서, 심지어 걸어가면서도 책을 읽는다. 아주 짧지만 이런 순간을 내 스스로 관리하지 못하면 결국 성과를 얻을 수 없음을 알기 때문이다. 이런 독서편력 덕분에 나는 일주일에 두 권 이상의 책을 읽을 수 있다. 일년이면 백 권이 넘는 분량이다. 그동안의 노하우를 정리해서 책을 잘 읽는 방법에 관한 책까지 낼 수 있었다.

1분이 아주 짧은 시간이라고 무시해서는 안 된다. 1분을 무시하면 10분도 무시하게 되고 결국 하루를 무시하게 될 것이다. 오늘은 좀 느슨하게 쉬면서 지내자는 생각은, 자기 인생 전체를 느슨하게 대충대충 지내자는 생각으로 곧잘 연결된다. 이것이 1분 1초를 대수롭지 않게 대하는 태도가 가져오는 무서운 점이다.

별것 아니라고 생각하는 것들이 실제로 우리 삶을 바꾸는 가장 중요한 요소인 경우가 많다. 약속시간을 지키는 것, 꼭 지킬 수 있는 약속만 하는 것, 아침을 거르지 않는 것, 화가 날 때 한번 웃어주는 것, 1분 동안 책을 읽어보는 것, 지하철에서 자리를 양보하는 것. 이런 사소한 것들이야말로 삶을 바라보는 우리의 태도가 낳는 산물들이다. 삶을 사랑하는 사람은 아주 사소한 것에서 그 애정이 드러나는 법이다.

Skill of Life

1분에 할 수 있는 것들

1. 책 한 구절 읽기

1분이면 책 한 구절을 읽고 외울 수도 있는 시간이다.

2. 일의 가치 판단하기

지금 하고 있는 일에 대해 가치를 판단해 할 것인지 그만둘 것인지를 결정할 수 있다.

3. 단어 하나 검색하기

모르는 단어 하나를 검색해서 뜻을 알아볼 수 있는 시간이다.

4. 하늘 한번 쳐다보기

하늘을 보는 시간은 소중하다. 1분이면 하늘을 한번 보거나 먼 산을 한번 보면서 눈의 피로를 더는 것과 동시에 생각의 여유를 확보할 수 있다.

5. 집에 전화하기

1분이면 집에 전화를 걸어 아내가 무엇을 하고 있는지, 하는 일은

잘 진행되고 있는지를 물어보고 힘내라는 격려를 보낼 수 있는 시간
이다.

6. 책장 둘러보기

읽었던 책이 꽂혀 있는 책장을 둘러보며 자신의 독서편력을 성찰
할 수 있다. 혹은 그 중에서 읽지도 않고 꽂아두었던 책을 골라내서
다음에 읽어야겠다는 결심을 할 수 있다.

7. 아이디어 만들기

덮어두었던 일의 실마리를 찾아내기 위한 중요한 아이디어를 생각
해낼 수 있다. 창의적인 해결책은 약간의 긴장감과 약간의 여유가 결
합한 이상한 시간에 찾아오곤 한다.

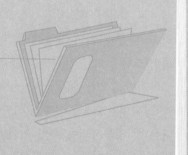

1분에 할 수 있는 것들
1. 책 한 구절 읽기
2. 일의 가치 판단하기
3. 단어 하나 검색하기
4. 하늘 한번 쳐다보기
5. 집에 전화하기
6. 책장 둘러보기
7. 아이디어 만들기

39

현장학습이
최고학습이다

진리가 당신을 자유롭게 할 것이다.
－에리히 프롬

2000년을 넘어서면서 우리는 급속하게 지식사회로 전환되고 있는 듯하다. 피터 드러커에 의하면 지식사회(knowledge society) 또는 지식기반사회(knowledge-based society)로 표현되는 새로운 사회에서는 지식이 전통적인 생산요소인 노동, 자본, 토지와 같은 수준의 또 다른 자원이 아니라 유일한 의미 있는 자원이라고 한다. 지식이 조만간 다른 자원들을 궁극적으로 대체할 것이라는 말이다.

하지만 우리는 이런 말을 들어도 구체적인 느낌이 오지 않는다. "지식사회? 그래서 어떻게 하자는 건데?"라는 반문이 자연스럽게 나온다. 지식사회에 대한 이야기가 나의 현실과는 상관없는 것처럼 들리는 것이다. 왜 그럴까?

지식을 지식으로만 받아들이기 때문이다. 유명한 학자들이 무슨 소리를 하건 우리의 일상에는 변함이 없다. 황우석 교수의 줄기세포 연구가 획기적인 의학 발전의 계기가 될 것이라지만 당신의 오늘 아침 메뉴는 변함이 없다. 그러나 내가 보지 못하는 곳, 느끼지 못하는 부분에서 변화는 끊임없이 일어나고 있다. 단지 내가 보지 못하고 보이지 않기 때문에 새로운 지식을 습득해도 일상에서 확인하거나 활용하지 못하고 머릿속에만 쌓아두게 되는 것이다.

지식사회가 도래했다는 것은, 국가적으로는 지식이라는 자원을 풍족하게 가진 충분한 인재를 양성하고 지식을 공유할 수 있는 시스템을 잘 갖춘 나라가 세계경제를 주도할 것이라는 의미일 것이고, 개인적으로는 현장의 지식이 중요하게 대두되었다는 의미를 가진다. 우리가 주목해야 할 부분은 바로 개인적인 지식의 활용이라는 부분이다.

아무리 우리 사회가 지식사회가 되었다지만 그것을 우리가 느끼지 못하고 활용할 수 없다면 소용없는 변화일 것이다. 예전의 지식은 학교에서 말하는 영어, 수학, 역사, 과학 같은 것이었지만 이제 지식은 '보다 나은 결과를 만들어내는 방법'과 관련이 있다.

우리 조상들은 개인적으로 특별한 기술을 가진 장인들을 높이 칭송했는데, 지금은 그 장인들이 거대한 프렌차이즈 회사의 오너가 되었다. 예를 들어 간장을 잘 담그는 사람이 있다면 예전에는 그저 기술이 좋은 사람으로 취급되었지만 지금은 자기의 이름을 내걸고 점포를 내고 체인점을 모집한다.

이런 것이 가능해진 것은 무엇보다 지식과 정보가 급속히 파급

될 수 있는 구조가 생겨났기 때문이다. 대표적인 것이 인터넷이다. 우리는 동시에 수백만 명이 같은 정보를 공유하면서 상호 의견을 주고받을 수 있는 세계에 살고 있다. 예전에는 유명한 음식점은 그 동네 주민들을 대상으로 영업을 했지만, 지금은 정보 공유의 힘 때문에 전국민을 대상으로 영업을 할 수 있다.

이것은 나도 지식의 이용 주체가 될 수 있음을 암시한다. 당신에게 남들이 가지지 못한 특별한 기술만 있다면, 네트워킹을 통해서 자본을 모집하고 스스로 창업을 할 수도 있고, 그 기술을 되팔 수도 있다. 그래서 현장에 대한 정확한 이해와 실천적이고 구체적인 방법적 노하우가 중요한 것이다.

독서를 좋아하는 사람들은 나처럼 자신만의 독서기술을 연구해 책을 낼 수 있을 것이다. 그림을 잘 그리는 사람은 아이들에게 어떻게 하면 그림 그리는 법을 쉽게 가르칠 수 있을지에 대한 노하우로 책을 만들 수도 있을 것이고, 생활 속에서 작은 불편함을 개선할 자기만의 방법을 찾아낸 주부는 그 방법을 상품으로 만들어 판매할 수도 있을 것이다. 개인의 실천적인 지식이 가진 힘이 우리의 삶을 변화시키고 있다.

그래서 지금 당신이 일하고 있는 곳에 현장의 경험들을 잘 정리해보려는 노력이 중요하다. 우리의 상품은 어떤 문제점이 있고 고객들은 무엇을 불편해하며 어떻게 하면 보다 나은 제품을 만들어낼 수 있을지를 연구하는 것이다. 이렇게 될 때 지식사회는 남의 이야기가 아닌 바로 우리 자신의 이야기가 된다.

어떤 사람이 주나라 왕을 위해서 말 채찍에 그림을 그렸는데, 삼 년이 걸려서야 일을 끝냈다. 왕이 그것을 받아보니 보통의 채찍과 다를 것이 없어 보였다. 왕이 몹시 화를 내자 그 사람이 말했다.

　"두 길쯤 되는 높은 벽을 만들어 거기에 여덟 자 정도의 창문을 낸 다음 아침에 해가 떠오를 무렵 채찍을 그 창에 비추어 자세히 보십시오."

　주나라 왕은 그의 말대로 방을 만들고 채찍을 창에 비추어보았다. 거기에는 용과 뱀, 새와 짐승, 수레와 말, 그리고 그 밖의 여러 가지가 아주 보기 좋게 새겨져 있었다. 왕은 매우 기뻐했다.

　이를 두고 한비자는 이렇게 평가한다.

　"이 채찍에 그림을 그린 재주는 매우 놀라운 것이지만, 그것의 쓸모로 말하자면 보통 채찍보다 나을 것이 하나도 없다."

　실제 생활에서 활용되지 못하면 아무리 좋은 재주를 가졌다 해도 보통의 재주와 차별화되지 못한다. 창의력과 함께 실생활에 적용하기 위한 구체적인 노력이 필요한 것은 이 때문이다. 창의적인 생각을 통해, 지금 당장 우리가 하고 있는 일에서 그것을 보다 나은 방향으로 개선할 수 있는 방법들을 찾아보자. 바로 당신이 지식 사회의 주인공이 될 것이다.

Skill of Life
실천적 지식을 쌓아 가는 방법

1. 지금 하고 있는 일에 주목하라

지금 자신이 하고 있는 일에 집중해야 한다. 새로운 것을 찾아다 닐 시간에 쉽게 접할 수 있는 지금의 일에 집중하는 것이 훨씬 효율 적이다.

2. 선배들과 다르게 하라

처음 일을 하면, 기본적인 자료가 없기 때문에 선배들이 했던 대로 답습하기 쉽다. 그렇게 하지 마라. 그것은 편하기는 하지만 효과적인 방법은 아니다. 더구나 당신의 목적은 선배를 따라 하는 것이 아니라 자기만의 방법을 만들어내는 것이 아닌가.

3. 장인을 만나보라

당신이 하는 일의 분야에서 가장 탁월한 성과를 올리고 있는 사람 을 만나보자. 그의 노하우를 따라 배워야 한다. 노하우는 못 배우더 라도 그가 일하는 방법이나 열정은 배울 수 있을 것이다. 그들은 보 통사람들과는 다른 것을 가지고 있다. 그것을 찾아야 한다.

4. 일상에 적용하라

실천적인 지식이란 현장에서 활용될 수 있는 것을 말한다. 즉, 보통의 사람들에게 유용하고, 고객들이 좋아할 수 있는 것이어야 한다. 머릿속에서는 그것이 실천적인 것인지 아닌지 확인할 수 없다. 일상에 적용시켜보고, 사람들에게 물어도 보고, 다양한 피드백을 얻어야 한다. 그래야 살아 있는 지식이 된다.

5. 자신을 알려라

실천적인 지식들을 쌓아가면서 자신을 알려야 한다. 아무도 알아주지 않는다면 지식이 아무리 활용가치가 있다 해도 소용없을 것이다. 자신을 알리는 데 시간이 많이 걸릴 수도 있다. 그러니 미리 천천히 준비해야만 한다.

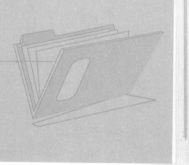

실천적 지식을 쌓아 가는 방법
1. 지금 하고 있는 일에 주목하라
2. 선배들과 다르게 하라
3. 장인을 만나보라
4. 일상에 적용하라
5. 자신을 알려라

40

당신의 문제는
행동하지 않는 것이다

삶에서 결과는
거짓말을 하지 않는다.
–테드 윌리

나무를 베고 있는 사람을 우연히 만났다.

"무엇을 하고 계십니까?"

당신이 묻자 그 사람이 이렇게 대답했다.

"보면 모르시오? 이 나무를 베려고 톱질을 하고 있는 중이오."

"매우 지쳐 보이는군요. 얼마나 오랫동안 나무를 베었습니까?"

그가 대답하기를,

"다섯 시간 이상 이 일을 했소. 나는 지쳤소. 무척 힘든 일이오."

당신이 다시 물었다.

"그러면 잠시 시간을 내서 톱날을 가는 것이 어떻습니까? 그게 일을
훨씬 빠르게 할 겁니다."

그러자 그 사람은 단호하게 말했다.

"내겐 톱날을 갈 만한 시간이 없어요. 왜냐하면 나는 톱질하는 데 너무 바쁘기 때문이오."(《성공하는 사람들의 7가지 습관》 중에서)

나무를 베고 있는 두 사람이 있었다.

한 사람은 여덟 시간을 일해서 한 그루의 나무를 베었다. 다른 한 사람은 여덟 시간을 일해서 두 그루의 나무를 베었다. 여덟 시간을 일해서 두 그루의 나무를 벤 사람에게 어떻게 그럴 수 있느냐고 물었다. 그가 이렇게 대답했다.

"내가 일하는 여덟 시간 중에서 두 시간은 톱날을 가는 시간이었습니다."

그 후 그는 나무 자르는 일을 그만두고 전직을 해서 미국의 대통령이 되었다고 한다.

톱날을 잘 갈아놓으면 톱질을 잘할 수 있다는 것은 누구나 알고 있다. 그러나 실제로 톱날을 갈아두는 사람은 드물다. 생각은 하지만 행동하지 못하기 때문이다. 그 이유는 순전히 게으름 때문이다.

우리는 많은 아이디어들을 가지고 있다. 운전을 하거나 목욕을 하거나 책을 읽으면서 수많은 아이디어들을 생각해내지만 그것을 기록해두고 실천하지는 않는다.

테드 윌리는 그 이유를 이렇게 설명한다.

"우리들 대부분은 '현실을 받아들이면서' 삶을 살아간다. 우리는 우리가 할 수 있는 일과 할 수 없는 일에 대해 다른 사람 또는 우리 스스로가 하는 말을 듣느라 하루의 상당 시간을 허비한다. 이럴 때 우리는 '그렇게 하지 않습니다.' '그건 엄연한 현실이란다, 아들아.' '그렇게 하면 효과가 없을걸. 너는 할 수 없어. 현실을 직시해.' 라고 대꾸한다."

괜찮은 아이디어들을 생각해냈다 하더라도 그것이 현실적으로 실현 가능한 것인지 혹은 과연 내가 할 수 있는 것인지에 대해서 확신할 수 없기 때문에 포기한다는 것이다. 맞는 말이다. 하지만 보다 근본적인 원인은 해보지도 않고 섣불리 포기해버리는 우리의 실천력 부재에 있을 것이다.

평생을 살아가면서 많은 것들을 성취하는 사람과 성취하는 것이 거의 없는 사람과의 차이점은 무엇일까. 그것은 생각한 것을 행동하느냐 하지 않느냐 하는 점뿐이다. 행동하지 못하면 아무것도 얻을 수 없다.

무려 만 번의 실험을 통해 전구가 발명되었고, 50년의 세월을 거쳐서야 《파우스트》는 완결되었다. 미켈란젤로가 시스티나 성당의 벽화를 완성하는 데는 4년이라는 시간이 걸렸으며, 태어난 갓난아이가 걸을 수 있기 위해서는 1년이라는 세월이 필요하다. 이 시간 동안 에디슨과 괴테와 미켈란젤로, 우리의 아이들은 무엇을 했을까? 그들은 행동했다.

아이가 제대로 걷기 위해서는 수없이 넘어지기를 반복해야 한다. 부모들은 아이들이 걷기 위해 일어섰다가 넘어지기를 수없이 반복하는 모습을 보며 박수를 보낸다. 자신의 아이들이 한 발자국씩 걸을 때마다 환한 미소와 감탄으로 그들을 격려하는 것이다. 하지만 정작 자신은 무엇인가 하기 위해 시도하기를 멈춘 지 오래다. 걸어보기도 전에 걷는 것을 포기한 사람들은 바로 부모들이다. 부모들은 아이들을 가르칠 것이 아니라 그들에게서 배워야 한다.

머릿속의 생각들을 당장 끄집어내서 실천하라. 실천하지 않으면 아무것도 이룰 수 없다.

Skill of Life

실천력 기르기 연습

1. 자신의 한계를 의식하지 말라

누구나 할 수 있는 한계가 정해져 있다고 생각한다. 그러나 그 한계는 남들이 정해준 한계일 뿐 실제 당신의 한계는 아니다. 자신의 한계를 의식하면 불가능하다고 생각하게 될 것이고 행동의 힘이 생기지 않는다.

2. 할 수 있는 만큼 하라

자신이나 남들에게 완벽할 것을 요구할 수는 없다. 그러나 할 수 있는 만큼 해줄 것을 요구할 수는 있다. 우리가 할 수 있는 만큼만 해왔다면 아마 지금 우리가 해놓은 일들로 인해 세상은 엄청나게 변해 있을 것이다.

3. 권리를 주장하라

실천했을 때 얻을 수 있는 성과물에 대해 과감하게 소유권을 주장하라. 결과물에 대한 열정이 실천의 행동력을 담보해줄 것이다.

5부

자기 자신을 재창조하라

자기 자신을 재창조하라

41

능력 계발에 투자하는 시간을 늘려라

말해야 할 때를 아는 사람은
침묵해야 할 때도 안다.
—아르키메데스

　물건을 사기 위해 필요한 돈과 자기 자신의 시간을 교환하는 일이 발생하고 있다.

　나는 고등학교를 다니면서 2년쯤 새벽에 신문배달을 했다. 그 당시 신문 100부 가량 배달하면서 받을 수 있는 돈은 8만 원 정도였다. 열일곱 살의 고등학생에게 적은 돈은 결코 아니었다. 내가 신문배달을 꾸준히 한 것은 소형 카세트 플레이어를 사기 위해 돈이 필요했기 때문이다. 워낙 음악을 좋아한 탓에 들고 다니면서 들을 수 있는 휴대용이 필요했다.

　카세트 플레이어를 사고 나니 또 다른 물건들이 필요해졌다. 가수들의 앨범을 많이 사게 되었고 보다 좋은 플레이어가 탐이 났던 것이다. 그래서 두세 달이면 끝났을 신문배달이 2년이나 계속되었다. 물론 나중에야 알게 되신 부모님께 무척 혼이 났다.

"세 사람 중에서 한 사람만이 길을 모른다면 목적지에 도달할 수 있다. 길을 모르는 사람이 적기 때문이다. 그러나 두 사람이 길을 모른다면 고생만 하고 목적지에 도달하지 못한다. 길을 모르는 사람이 많기 때문이다."

장자에 나오는 말이다. 다른 사람들, 다수가 하는 일이라고 해서 옳은 일은 아니다. 오히려 다수를 따라가는 일은 위험할 수 있다.

요즘 대학생들은 다양한 아르바이트를 한다. 학비를 벌기 위한 목적도 있겠지만 갖고 싶은 물건 때문인 경우도 많다. 아르바이트를 하면서 다양한 사회경험을 쌓아가는 것은 중요하고도 좋은 일이지만, 빈둥거리며 노는 시간에 자기가 좋아하는 것들을 발견할 기회를 잃게 될까봐 염려된다. 너무 놀아서 정신이 노는 데 쏠리는 것은 분명히 문제가 되지만, 자기에 대해 깊이 생각할 수 있는 시간을 갖는다는 의미에서 빈둥거리는 시간은 중요하다. 이렇게 중요한 시간을 TV 광고가 강요하는 물건을 구입하기 위한 돈을 버는 데 사용한다는 것은 아까운 일이다.

다양한 일을 경험하는 것은 아주 중요하다. 그러나 마음의 준비 없이 이것저것 맛만 보고 마는 경험들은 오히려 일에 대한 부정적인 인상만을 남길지도 모른다. 해보니까 별로더라는 생각이 들기 시작하면 일의 보람보다는 오직 돈을 벌기 위해 일하게 되고 자기 성장과는 거리가 멀어진다.

특히 젊은 시절에 일을 대하는 태도는 좀더 도전적이어야 한다.

돈보다도 일에서 재미와 발전과 만족을 발견하기 위해 노력해야 한다. 20대 청춘이 노후보장을 위한 저축에만 몰입하거나 큰 아파트를 구입하려고 기를 쓰며 돈을 모으거나 일순간의 향락 파티를 위해 자신의 시간을 돈과 맞바꾸는 일은 스스로에게 전혀 도움이 되지 않는다. 성숙되고 자유로운 삶을 준비하는 시간을 돈을 벌기 위해 써버리는 것은 어리석은 일이다.

2002년 노벨 화학상 수상자인 일본의 다나카 고이치(田中耕一)는 승진시험까지 거부하며 실험하기를 즐겼다. 그에게 실험은 일이자 놀이고 휴식이었다. 그에게서 실험하는 일을 박탈하는 것은 인생을 빼앗는 것이다. 그것은 범죄에 가깝다.

승진과 돈, 명예 같은 어떤 유혹도 그를 꺾지 못했다. 그는 인생을 지켜냈고 이제 누구도 그의 인생을 위협할 수 없게 되었다.

많은 사람들이 죽기 전에 자기 인생에서 후회하는 일 중에 하나가 하기 싫은 일을 참고 견디면서 불행하게 살아온 것이라고 말한다. 그런 점에서 다나카 고이치는 행복한 인생을 사는 사람이다.

대부분의 사람들은 어떻게 사는 것이 좋은 인생인지보다 어떻게 살면 돈을 더 많이 벌 수 있는지에 대해서 더 잘 알고 있다. 돈 버는 기술을 가르쳐주는 곳은 많지만 좋은 인생을 사는 방법을 가르쳐주는 곳은 찾기 어렵다. 그런 노하우는 기술처럼 축적되기 곤란한 것이다. 오직 사람의 마음속에만 존재하는 것들이기 때문이다.

남들이 하니까 따라 한다는 식으로는 성공할 수 없다. 남들이 생각하는 것들을 따라 하면 남들과 똑같아진다. 내 생각이 남들과 같을 때, 내가 그들 속에 일부로 포함되어 있을 때, 편안할지는 모르지만 그렇다면 도대체 나는 어디에 있단 말인가?

자신의 진정한 능력은 남들과 다르게 할 때 발견될 수 있다. 자기를 자기답게 만들기 위해서는 나와 다른 것들은 과감히 버릴 수 있어야 한다. 자신에게 주어진 시간을 돈과 바꾸기보다는 능력을 높이기 위한 시간으로 활용하도록 하자.

Skill of Life
자신에게 시간을 투자하는 비결

1. 주말과 휴일을 활용하라

아침형 인간이 유행한 적이 있다. 하지만 새벽에 일어나야 하는 고통 때문에 대부분의 사람들이 실패한 것 같다. 아침에 일찍 일어나거나 밤늦게까지 안 자고 뭔가를 할 생각 하지 말고 당신의 주말과 휴일을 적극 활용하라. 그 주말과 휴일 중에서 TV를 보거나 멍청하게 시내를 돌아다니는 시간만큼만 당신의 발전을 위해 투자하도록 하자.

2. 쓸데없는 시간을 버려라

머리를 깎기 위해 차례를 기다리는 시간, 버스를 타고 이동하는 시간, 반갑지 않은 손님을 접대하기 위해 차를 준비하는 시간, 가고 싶지 않은 행사에 참석하거나 억지로 술자리에 끼어 분위기를 맞추려고 노력하는 시간, 이런 시간들을 버려야 한다. 그리하여 시간의 중심을 당신에게로 옮겨와야 한다. 시간은 흘러가는 것이 아니라 내가 이용하는 것이다.

3. 성과 없는 일을 버려라

성과를 남기고 당신을 발전하도록 만드는 일은 무엇이 있고, 아무리 노력해도 성과가 보이지 않고 재미도 없는 일은 무엇인지 구분하자. 그리고 성과를 남기지 못하는 일은 과감하게 버리자. 버릴 수 없다면 다른 사람에게 위임하거나 용역을 주는 방법을 찾자. 돈으로 시간을 살 수 있다면 얼마든지 그렇게 해야 한다. 돈은 벌 수 있지만 시간은 다시 얻을 수 없지 않은가.

4. 성과가 있는 일에 집중하라

성과가 있는 일에 집중하면 그 과정에서 배움이 깊어지고 자연스럽게 자신의 능력이 강화된다. 전문가가 되는 것이다. 처음에는 결과물보다 투입되는 노력의 양이 더 많겠지만 성과가 쌓여갈수록 투입보다는 결과물의 양이 많아진다. 전문가란 적은 노력을 들이지만 훌륭한 결과물을 만들어내는 사람을 말한다. 그것이 효율성이다.

5. 일상을 활용하라

시간을 억지로 만들어내려고 하기보다는 일상의 시간을 활용하자. 우리는 순간순간 많은 정보를 주고받는다. 그 양이 엄청난데도 제대로 활용하지 못하고 대부분 흘려 넘기고 있다. 일상에서 떠도는 정보들을 잘 모아두기만 해도 많은 시간을 절약할 수 있다.

42

마음의 청춘을 유지하라

죄의식이나 비참함에 대해
곱씹는 일은 다른 사람이나 하게 두라.
-제인 오스틴

청춘이란 인생의 어느 기간을 말하는 것이 아니라 마음의 상태를 말한다. 그것은 장밋빛 뺨, 앵두 같은 입술, 하늘거리는 자태가 아니라 강인한 의지, 풍부한 상상력, 불타는 열정을 말한다.

청춘이란 깊은 샘물에서 오는 신선한 정신, 유약함을 물리치는 용기, 안이를 뿌리치는 모험심을 의미한다.

때로는 이십의 청년보다 육십이 된 사람에게 청춘이 있다. 나이를 먹는다고 해서 우리가 늙는 것은 아니다. 이상을 잃어버릴 때 비로소 늙는 것이다. -사뮤엘 올만

사뮤엘 올만은 청춘을 나이가 아니라 마음의 상태라고 말한다. 맞는 말이다. 나이가 젊어도 정신은 이미 고희를 지난 사람이 있는

가 하면, 나이는 환갑을 넘겼지만 정신은 20대의 도전과 열정을 가진 사람들이 있기 때문이다.

언제나 마음의 젊음을 유지하고 열정적으로 살아가는 사람들은 몇 가지 특징이 있다.

첫 번째 특징은 무엇인가에 미쳐 있다는 사실이다.

미치지 않은 인생이 제대로 된 인생일까? 아니다. 무엇인가에 미쳐보지 않은 인생은 삶이라는 긴 시간을 주인이 아닌 나그네로 살아가는 것과 같다. 강 건너 불구경하듯 세상을 살아서는 제대로 된 삶을 살 수 없을 것이다. 무엇인가에 몰두하고 미치지 않은 사람은 이해할 수 없는 것이 바로 삶의 의미라는 부분이다.

두 번째 특징은 자기중심적이라는 점이다.

그들은 다른 사람들이야 뭐라고 하든 상관하지 않는다. 그냥 자신이 하고 싶고, 하늘로부터 주어졌다고 생각하는 일들을 묵묵히 해나간다. 사람들은 그를 이해하지 못하지만 그는 개의치 않는다. 자기 생각에 중요한 일을 하고 있기 때문이다. 그들은 약간의 외로움을 즐기기까지 한다.

세 번째 특징은 정직하다는 점이다.

거짓말을 하는 것은 쉽다. 그러나 거짓말을 한 다음 마음에는 찌꺼기가 남는다. 바로 불안함이다. 그 불안함은 우리의 정신을 좀먹고 당당하지 못한 태도를 취하게 만든다. 마음의 젊음을 유지하고 있는 사람들은 남들이 싫어한다고 할지라도 결코 어리숙한 거짓말로 자신을 속이지 않는다.

네 번째는 전체적인 특징으로 셀프리더십을 가지고 있다는 사실이다.

어떻게 하면 자기 자신을 건강하고 발전적으로 관리할 수 있는지를 잘 알고 있다. 자신의 부족한 점과 잘하는 점에 대해서도 알고 있으며 스스로를 동기부여 하는 방법도 가지고 있다. 때문에 위기와 어려움의 순간을 슬기롭게 넘기며 웃음으로 사람을 놀라게 하기도 한다.

젊었을 때는 이런 특징들이 다른 사람들에게 설득력 있게 보이지 않는다. 자신과 다르다는 점 때문에 비난의 대상이 되기도 한다. 하지만 시간이 흘러감에 따라 사람들은 마음의 청춘을 유지하는 사람들을 알아본다. 그들은 탁월한 성과로 남다른 삶을 살아가기 때문이다. 이제 사람들은 그들을 닮고 싶어 한다.

괜찮은 삶을 살고 싶다면 육체적인 건강뿐만 아니라 마음의 젊음을 유지하기 위해 노력해야 한다.

Skill of Life

마음의 건강을 지키는 법

1. 밝은 사람과 같이 지내라

긍정적인 태도로 삶에 웃음이 떠나지 않는 사람들이 있다. 그들로 당신의 주위를 가득 채워라. 당신의 얼굴에서 웃음이 떠나지 않을 것이다. 웃음은 전염된다.

2. 너무 많은 일을 하지 마라

한꺼번에 많은 일을 하면 지친다. 한 번에 하나의 일만 하라. 그러면 제대로 할 수 있을 것이고, 하나를 제대로 하면 세상의 진리 하나를 발견할 수 있다. 그 진리란 '단순한 삶이 힘이 세다'는 것이다.

3. 구별할 수 있는 눈을 가져라

당신을 행복하게 해줄 수 있는 것이 있고 그렇지 않은 것이 있다. 그것을 구별하지 못하면 삶은 복잡해지고 인생은 꼬인다. 무엇이 중요한지 모르는 사람들은 이것저것 마구 건드리는 법이다.

4. 포기하라

무엇이 중요한 것인지를 구별할 수 있는 눈을 가졌다면, 이제 중요하지 않은 것을 과감히 포기해야 한다. 자유란 포기할 수 있는 능력을 포함하는 것이다.

43

상상력을 키워라

창조는 어렵고 모방은 쉽다.
－콜롬부스

어느 날 지하철에서 뛰어나온 사람이 지나가는 사람을 붙들고 길을 묻는다.

"저, 카네기 홀로 가려면 어떻게 하면 되죠?"

그 사람의 대답은 이랬다.

"연습을 해요. 연습을……."

어느 날 동료가 나에게 질문을 해왔다.

"어떻게 회사를 다니면서도 책을 여러 권 쓸 수 있어요? 나 같으면 도저히 엄두가 안 나는데……."

그에게 대답 대신 이런 질문을 던졌다.

"제가 어떻게 그럴 수 있는지 상상을 한번 해보세요. 생각하시는 방법이 바로 제가 하고 있는 방법일 겁니다."

그러나 그는 이렇게 말했다.

"집에 가서 밤을 새워서 글을 쓰나요? 아닌 것 같은데… 그럼 회사 일은 안 하고… 그것도 아닌데. 도저히 생각할 수가 없어요. 상상이 안 되는데요?"

나는 더 이상 말을 하지 않고 그냥 웃기만 했다. 대화는 자연스럽게 다른 곳으로 옮겨갔고 나는 이런 생각을 했다.

'저 사람은 회사를 다니면서 책을 쓸 수 없는 사람이구나!'

상상할 수 없는 것은 이루어지지 않는다. 그는 상상할 수 없기 때문에 글을 쓸 수 없는 사람이었다.

언젠가 강연을 갔다가 만난 사람은 마라톤을 21번 완주했고 작년에는 보스턴 마라톤 대회에 참가했다고 했다. 하루에 잠자는 시간이 3시간 반이고, 아침에 20킬로미터를 뛰어서 출근하고 퇴근길은 다시 20킬로미터를 뛰어서 돌아온다고 했다. 헌혈 횟수로 우리나라에서 3위라고 한다. 언론과 정부에서 인터뷰 요청이 자주 올 만큼 대단한 사람이었다.

그에게 삶의 경험들을 살려서 책을 한번 써보라고 권했다. 그러나 그의 대답은 부정적이었다. 학력도 짧고 글도 써본 일이 없기 때문에 글 쓰는 재주가 없다고 했다. 순간 상상할 수 없는 것은 이루어지지 않는다는 사실을 다시 확인했다. 그의 말에서 마라톤에 대한 애정과 삶의 열정을 읽을 수 있었는데, 그것이 바로 수십 번 마라톤을 완주하도록 하고 하루에 3시간 반만 잠들 수 있게 하는 힘이었다. 마라톤을 완주하는 상상을 항상 하고 있기 때문에 그에게는 마라톤 완주가 어려운 일이 아닌 것이다. 그러나 나는 마라톤에 대한 꿈이 없으며 완주하는 내 모습을 상상할 수도 없다.

그는 250킬로미터를 완주해본 경험이 있다. 나는 인간으로서 250킬로미터를 완주하는 것이 과연 가능한 일일까라고 생각했는데, 그것은 나에게는 불가능했다. 즉 나는 250킬로미터를 완주하는 상상을 할 수 없기 때문에 시도조차 하지 않을 것이므로 그것은 불가능한 일인 것이다.

상상할 수 없는 사람이 어떤 일을 성취할 수 없는 이유는 시도를 하지 않기 때문이다. 상상할 수 없다는 것은 그것에 대한 꿈이 없다는 것이다. 나에게는 불가능한 일이므로 아예 시도조차 하지 않는 것이다. 시도하지 않는 일은 당연히 이루어지지 않는다.

《꿀벌과 게릴라》로 유명한 경영학자 게리 하멜은 혁신은 상식을 벗어난 목표에서 시작된다고 했다. 기존의 점진적인 성장을 생각하는 경향에서 탈피해 도달할 수 없을 것 같은 목표를 설정함으로써 지금 자신의 생각을 뒤집어엎을 수 있다.

그러므로 우리에게 필요한 것은 상상력이다. 자신이 원하는 것에 대한 원대한 꿈을 가지고 그것을 구체적으로 머릿속에 상상해야 한다. 상상하는 것을 반복해서 진정한 소망이 되었을 때, 우리는 그것을 위해 실천하고 행동하며 자신을 단련시킬 수 있다. 그럴 때 꿈은 한발 한발 나의 앞으로 다가오는 것이다.

Skill of Life

꿈을 위한 상상력을 키우는 방법

1. 구체적으로 상상하라

황영조 선수나 이봉주 선수가 마라톤에서 우승할 때 두 손을 번쩍 치켜들고 결승 테이프를 끊는 장면처럼, 자신이 성공하는 장면을 구체적으로 떠올려보라. 나는 마라톤에서 우승해야지라는 추상적인 상상만으로는 실천력이 따르지 않는다. 구체적으로 눈에 보이도록 상상할 때 힘이 생긴다.

2. 마인드 맵을 그려라

마음속으로 어떻게 하면 내 꿈을 이룰 것인지에 대해 마인드 맵을 그려보자. 마인드 맵을 그리면서 꿈은 점차 구체화되고 해보겠다는 열정이 꿈틀거릴 것이다. 머릿속에서 정리가 됐으면 그림으로 그려보자.

3. 성공사례를 연구하라

성공사례를 연구하는 것은 자신의 상상력을 자극하는 데 도움을 준다. 그들이 어떻게 성공했는지를 연구하면서 나의 꿈은 어떻게 실현될 것인지, 어떤 모양이 될 것인지 구상하게 되는 것이다.

4. 접촉의 기회를 만들어라

만약 당신의 꿈이 마라톤 완주라면 자주 마라톤 경기장에 가보는 것이 좋다. 경기장에 몰려든 사람들과 휘날리는 깃발들은 자신의 꿈을 상상하도록 자극할 것이다. 꿈이 개그맨이 되는 것이라면 자주 방송국을 찾아서 그들의 공연을 보는 것이 좋고, 작가가 되는 것이 꿈이라면 책을 자주 보고 작가들을 직접 만나보려고 노력해야 한다.

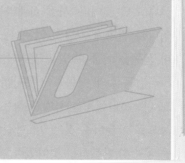

꿈을 위한 상상력을 키우는 방법
1. 구체적으로 상상하라
2. 마인드 맵을 그려라
3. 성공사례를 연구하라
4. 접촉의 기회를 만들어라

44

자신과 대화하라

집착을 버려라. 그러면 지상에서
가장 부유한 사람이 될 것이다.
－세르반테스

사람들마다 원하고 희망하는, 이른바 꿈들이 있게 마련이다. 꿈
이라는 것은 그가 이 세상에 태어난 이유와 같다. 때문에 꿈을 가
지지 못한 삶을 제대로 된 삶이라고 말할 수 없다. 하지만 꿈을 좇
아가는 길에서 실천이 따라주지 않는다면 영원히 그것은 꿈으로
끝나고 말 것이다. 사실 실패라는 것은 실천하지 못했기 때문에 일
어나는 결과에 지나지 않는다. 누구나 행동만 뒤따라준다면 가진
바 꿈들을 이룰 수 있을 것이다.

사람들은 왜 행동하지 못할까? 이런 고민을 하다 보면 자신에게
도 나는 왜 행동을 하지 못하는가를 묻게 된다. 지금까지 나를 행
동으로 이끌어준 것은, 나 자신에게 질문하고 스스로 답하는 과정
을 무수히 반복하는 것이었다.

나는 생각하는 것을 즐긴다. 생각은 혼자서 할 수 있는 가장 재미있는 놀이다. 어떤 문제에 대해서 끊임없이 고민하다 보면 기대하지도 않았던 창의적인 해결책을 얻어낼 수 있다. 믿어지지 않거든 한번 해보라. 도저히 해결할 수 없을 것 같은 문제라도 이틀 정도만 계속 고민하다 보면 어느 순간 '이거다' 라는 생각이 들 만큼 좋은 해결책을 찾게 될 것이다. 생각은 끝없는 것이다. 무한한 상상력이야말로 우리가 가진 힘이다.

생각을 많이 한다는 것은 사실 자기 자신에게 끊임없이 질문을 던지는 것이다.

'이 문제를 어떻게 하면 좋을까?'

'이런 경우가 예전에도 있었잖아. 그때는 어떻게 했지?'

'그와 나의 공통점은 무엇일까? 그의 입장에서는 내 말이 어떻게 들렸을까?'

이렇게 자신에게 질문을 던지다 보면 스스로 답을 하고 있는 자신을 발견하게 된다. 질문을 받으면 답을 해야 하기 때문이다. 그 답을 듣고 있는 나는 또 다른 질문을 다시금 던진다. 이렇게 내 속에는 나와 또 하나의 나, 두 사람이 존재하면서 서로 대화를 하고 있다. 가끔 이러고 있는 내가 우습기도 하지만, 스스로 질문하고 답하는 과정이 나에게 가져다주는 상상력과 그 결과물들을 알게 된 다음에는 오히려 이 방법을 즐기게 되었다. 나는 이렇게 해서 문제를 해결하고 새로운 생각들을 만들어내고 글을 쓰고 강연을 해왔다.

그렇다면 어떤 질문을 해야 할까. 질문의 방향이 중요하다. 부정적인 질문을 하면 부정적인 답이, 긍정적인 질문을 하면 긍정적인 답이 나온다. 추상적인 질문에는 추상적인 답이 나오고 구체적인 질문에는 구체적인 답을 얻게 된다.

질문의 방향을 '그렇다면 내가 지금 해야 할 것은 무엇일까?' 혹은 '나는 왜 움직이지 않고 생각만 하고 있는 걸까?' 라는 실천적인 것으로 결정하면, 자신의 나약함과 어리석음을 깨닫고 곧 행동해야 한다는 필요성을 느끼게 되는 것이다. 그리고 그 후에는 그냥 움직여서 하면 된다.

반대로 '저번에도 안 됐잖아. 이번에도 실패할 게 분명해. 여기까지가 내 한계가 아닐까?' 라는 질문을 던지면, 더 이상 새로운 생각이 떠오르지도 않고 발전적인 행동들이 따라오지도 않는다. 우리가 던지는 질문의 내용이 생각과 행동의 질적인 수준을 결정하는 것이다.

내 속에는 하나의 나만 있는 것이 아니다. 또 다른 내가 존재하고 있다. 아니 수십, 수백, 수천 명의 내가 존재한다. 우리는 그들을 만날 때마다 내가 가지고 있지 않은 생각 하나씩을 얻을 수 있다. 나를 응원해주는 수천 명의 동료가 내 몸 속에서 나의 부름을 기다리고 있다.

다음의 글을 해석해보자.

之之之中知.

가고 가고 가는 중에 알게 된다는 말이다. 수없이 많은 생각을 하고 행동을 하다 보면 자연스럽게 알게 되고 이루게 된다. 단지 우리가 생각하지 않고 행동하지 않으면서 안 된다고 말하고 있을 뿐이다. 혹은 한두 번 생각해보고는 해결책이 없다고, 내가 이미 다 해봤다고 말하고 있을 뿐이다. 노력하는 것이 자신없어서 할 수 없는 변명거리들을 만들어내기에 급급해한다.

지금 중요한 문제에 부딪혔거나 혼자 있는 시간이 버겁게 느껴진다면, 스스로에게 질문을 던지고 그에 합당한 대답들을 쏟아내보자. 당신의 상상력과 창의성은 생각처럼 빈약하지 않다. 당신 속에는 수많은 당신이 숨어 있으며 그 한 사람을 만날 때마다 새로운 아이디어 하나와 또 다른 세계를 얻을 수 있다. 그 아이디어 중 하나는 당신을 지금까지 경험해보지 못한 전혀 다른 신세계로 안내할 것이다.

Skill of Life

자신과 대화하는 효과적인 방법

1. 질문을 글로 써보라

스스로에게 질문을 던지면서 그것을 글로 써보는 것이다. 그리고 좋은 해결책이 생각날 때마다 번호를 붙여서 글로 남겨보자. 생각하는 데 훨씬 도움이 될 것이다. 손이 생각을 이끌어내는 경험을 하면서 자신의 능력에 새삼 감탄하게 될 것이다.

2. 긍정적으로 질문하라

부정적인 질문을 하면 부정적인 답이 나오고 긍정적인 질문을 하면 긍정적인 답이 나온다. 적절한 질문이 중요한 이유는 이것 때문이다. 자신에게 생각을 자극할 수 있도록 긍정적으로 질문하자.

3. 구체적으로 질문하라

구체적으로 질문을 하면 구체적인 답이 나온다. 좋은 질문이란 긍정적이고 구체적으로 시기에 적절하도록 하는 것이다. 6하 원칙을 지켜가면서 하는 질문은 구체적이다. 특히 자신에게 던지는 질문에는 '어떻게'라는 것이 반드시 포함되어 있어야 한다.

4. 설명하듯 답하라

자신의 질문에 답할 때에는 다른 사람에게 설명하듯이 말해야 한다. 자신감 있게, 그것은 당연히 그렇게 되는 것이며 굉장히 창의적인 내용인 것처럼 자부심을 가지고 설명하다 보면 자연스럽게 논리가 만들어지는 것이 느껴진다. 다른 사람에게 설명하는 방식은 자신의 두뇌를 자극하는 좋은 방법이기 때문이다.

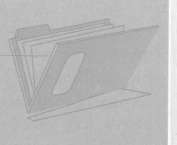

자신과 대화하는 효과적인 방법
1. 질문을 글로 써보라
2. 긍정적으로 질문하라
3. 구체적으로 질문하라
4. 설명하듯 답하라

45

스페셜리스트가 되라

명장(明匠)들도
처음에는 아마추어였다.
–에머슨

사회생활에 잔뼈가 굵었다는 사람들도 자기만의 특기가 무엇이
냐고 물으면 꿀 먹은 벙어리가 되는 수가 많다. 10년 이상 사회생
활을 해왔지만 무엇 하나 특별히 자랑할 만한 것이 없다. 단지 어
느 회사에 근무하면서 어떤 프로젝트에 참가했고, 유명한 누구와
같이 일해봤다는 식으로밖에 표현하지 못한다.

전문적인 기술이 없다면 사회생활을 10년을 했건 20년을 했건
아무런 상관이 없을 것이다. 그 시간을 통해서 얻어낸 것이 없지
않은가. 일하면서 배우고 배우면서 일하는 정신을 잊고 살아온 자
신을 한탄하는 수밖에는 도리가 없다.

무엇인가 하나를 잘하지 않으면 '나는 특기가 이것이다'라고 말
하지 못한다. 그런 사람들에게 가장 두려운 것은 현재의 직장에서

쫓겨나는 일일 것이다. 실직의 두려움으로 회사에 더 집착하게 되는데, 그럴수록 두려움이 현실이 될 가능성은 더욱 커진다.

지금도 늦지 않았다. 우리는 무엇인가를 준비해야만 한다. 무엇인가 하나를 잘하는 사람을 우리는 스페셜리스트라고 한다.

스페셜리스트는 한 가지에 전문성을 가진 사람이다. 단점이라면 다른 부문을 알지 못하여 자신이 아는 부문이 타 부문에 미칠 영향을 고려하기 어렵다는 점이다. 때문에 다양한 분야를 조율하기에는 아무래도 어려움이 있다.

반면에 제너럴리스트는 굉장히 넓은 시야를 갖게 된다는 데 장점이 있다. 여러 가지를 두루 알고 있으면 상호 영향력을 파악할 수 있으니 유리한 점이 많지만 제대로 아는 것이 없다는 점이 한계이기도 하다. 이것이 우리가 일반적으로 생각하고 있는 스페셜리스트와 제너럴리스트에 관한 생각일 것이다. 하지만 진정한 스페셜리스트란 우리의 생각과는 좀 다르다.

실베스타 스텔론이 주연한 〈스페셜리스트(specialist)〉는 폭파전문가를 다룬 영화다. 주인공은 폭탄에 관해서는 타의 추종을 불허하는 전문가다. 하지만 자세히 보면 폭탄에 대해서만 전문가가 아니다. 그는 최신형의 총을 자유자재로 조립하고 정확하게 다룰 수 있으며 전기배선과 자동차 구조에 대해서도 잘 아는 다재다능한 전문가다. 심지어 건물의 설계와 도면에 대해서도 건축설계사 이상의 안목을 가지고 있다.

무엇보다 주목할 만한 것은 사람들의 심리에 대해서 정확하게 예측하고 있다는 사실이다. 폭탄의 주된 목적이 요인암살과 주요 시설에 대한 파괴이기 때문이다.

　진정한 스페셜리스트는 제너럴리스트다. 한 분야에 대해 정통하기 위해서는 다른 분야에 대해서도 잘 알아야만 한다. 세상은 서로 연관되어 있으며 단절되어서는 창의성이 발휘될 수 없다.

　리더십에 대해서 전문가가 되기 위해서는 리더십에 관한 연구만을 해서는 안 된다. 사람들의 심리에 정통해야 하며, 조직의 구조와 마케팅 등의 경영에 대해서도 잘 알아야 하고, 현장에서 사람들의 심리와 행동을 잘 관찰해서 상호 연관성에 대한 현실적인 확신을 가지고 있어야만 한다. 리더십 전문가가 되기 위해서는 이렇게 여러 분야를 골고루 알아야만 하는 것이다.

　우리는 분업화된 구조 때문에 한 가지만 잘하면 먹고 살 수 있다고 생각하고 있다. 그런데 모두가 연결되어 있는 사회에서는 한 가지만 잘해서는 안 된다. 다양한 분야를 섭렵해야 한다. 그래서 끊임없는 학습이 이루어져야만 하는 것이다.

Skill of Life

진정한 스페셜리스트가 되는 방법

1. 하나에 집중하라

진정한 전문가가 되기 위해서는 먼저 하나를 잘해야 한다. 하나를 잘하지 못하는 사람은 전체적인 것을 골고루 잘할 수 없다. 욕심에 모든 것을 다 잘하기 위해서 이것저것 건드려보는 사람들이 많다. 그것은 실패의 지름길이다.

2. 분야를 넓혀라

하나를 잘하게 되었다면 차츰차츰 분야를 넓혀가는 작업이 필요하다. 잘하는 분야와 관계된 것 중에서 지금 가장 필요하다고 생각되는 분야를 집중 공략하면 된다. 한 분야에 대한 공략이 진행되고 있을 때 또 다른 관심 분야가 생겨날 것이다. 그것이 다음에 공략할 분야가 된다.

3. 새로운 것을 좋아하라

새로운 것을 좋아하지 않는 사람은 진정한 전문가가 될 수 없다. 눈 뜨고 일어나면 어제의 내 전문지식은 고철이 되어 있는 시대가 지금이다. 새로운 것을 끊임없이 배워서 과거의 것과 적절하게 조화시켜나가야 한다. 이른바 업데이트다.

4. 분석능력을 갖춰라

당신이 어느 분야에서 무엇을 하건 자신의 일을 통계화하거나 일의 성과를 분석할 수 있는 능력은 반드시 갖춰야 한다. 일의 구조나 성과, 프로세스 등을 분석할 수 없다면 전문가가 아니다.

5. 사람 사귀기를 즐겨라

사람을 사귀는 것을 회피해서는 안 된다. 사람을 멀리하면 정보에 어두워지고 중요한 사람들의 심리를 이해하는 데 어려움을 겪을 수밖에 없다. 무엇을 하든 사람의 심리에 대해 알지 못하면 일정한 수준 이상으로 발전하기는 어렵다. 다른 것들은 책에 웬만큼 다 있기 때문이다.

진정한 스페셜리스트가 되는 방법
1. 하나에 집중하라
2. 분야를 넓혀라
3. 새로운 것을 좋아하라
4. 분석능력을 갖춰라
5. 사람 사귀기를 즐겨라

46

노후를 대비하라

죽음은 모든 것을 사라지게 하지만
진실은 그렇지 않다.
−작가 미상

　한국인의 평균 수명이 남자 73.4살, 여자 80.4살, 평균은 77살이라고 한다. 또 나이가 많을수록 기대 여명(앞으로 더 살 수 있는 기간)의 증가율이 높아 노령화가 급속히 진전된 결과, 우리나라는 세계최고의 노령화 추세를 보이는 나라가 되었다. 일단 평균수명이 늘어난다는 것은 삶의 질적 수준이 높아지고 있음을 말한다. 의료보장이 확대되고 의학이 발달하면서 각종 사고나 질병이 사람의 행복에 미치는 영향력이 점차 적어지고 있는 것이다.

　하지만 나이가 들고 오래 산다는 것이 반드시 행복으로 연결되지는 않는다. 오히려 지금은 나이가 들어간다는 것은 또 다른 위험이 되고 있다. 조상들은 오래 사는 것을 복(福)이라고 여겼지만 지금은 오래 산다는 것이 빨리 죽는 것만큼이나 위험해진 것이다. 자식이 부모를 봉양하던 시대가 지나가고 자신의 노후를 스스로 책임져야 하는 시대가 왔기 때문이다.

흔히 노후의 인생에는 네 가지 고통이 따른다고 한다. 경제고(經濟苦), 건강고(健康苦), 고독고(孤獨苦), 역할고(役割苦)가 그것이다. 평균수명이 80세에 육박하면서 이제 누구도 네 가지 고통에서 자유로울 수 없다.

경제고는 경제적인 어려움을 말한다. 그것은 평생고용이 보장되지 않는 사회에서는 일상화된 고통이다. 먹고살 것을 걱정해야 하는 것이다.

건강고는 나이가 들면서 자연히 찾아오는 노화현상과 각종 질병에 관한 것이다. 환경이 오염되고 식생활이 서구화되면서 건강 문제 또한 예전보다 훨씬 심각해졌다. 웰빙 시대라는 말은 우리가 건강하지 않다는 반증이기도 할 것이다.

고독고는 인간이 죽을 때까지 배우자와 함께 할 수 없기 때문에 생긴다. 게다가 요즘은 이혼이 자연스러운 것으로 받아들여지니 노후의 외로움을 혼자 달래야 하는 것은 기정사실이 되었다. 고독은 영원한 인간의 미해결 과제가 아닐까 싶다. 우리는 많은 사람들과 함께 근무하면서도 외로워하지 않는가.

역할고라는 말은 자기 인생에 대한 근본적인 문제제기에 가까울 것 같다. 자신이 이 세상의 한쪽 구석에서 어떤 일을 떠맡고 있는지 궁금해하는 것이 사람의 마음일 것이다. 자신이 속해 있는 곳에서 어떤 의미 있는 역할을 맡았을 때 좀더 활기찬 삶을 살아갈 수 있다. 나 또한 좀더 괜찮은 일을 하고 흔적을 남겨보려는 노력으로 글을 쓰고 강연을 하러 다니고 있는지도 모른다.

이 네 가지 고통들이 일상화된 시대에 우리는 이제 평생을 일하며 살아가야 한다. 그래서인지 나는 이미 평생 동안 일할 각오를 다진 지 오래되었다. 그래서 내가 좋아하는 일을 통해 평생직업을 만들어보자는 생각을 하게 되었다. 내 선택은 글을 쓰고 강연을 하면서 스스로 내 가치를 만들어서 알리는 것이었다.

가끔 내 책을 읽은 독자들이 '글 쓰는 재주가 좋고 내용이 인상적이다' 라는 메일을 보내온다. 그때마다 나는 비슷한 내용의 답장을 보낸다. 주로 나는 글재주가 있는 사람이 아니며 글이란 쓰다 보면 자연스럽게 느는 것이라는 내용이다. 그리고 내가 좋아하면서도 할 수 있을 만한 것들을 찾아서 무척이나 오랫동안 노력했다는 사실도 밝혀준다. 나 자신에게도 지금의 일을 찾아내는 것은 쉬운 일이 아니었고, 지금도 쉽게 하고 있지는 않다. 그렇기 때문에 더욱 의미가 있으며 지금의 일이 평생 일해야 하는 시대를 살아가기에도 나쁘지 않다고 생각한다.

평생노동의 시대에 일이 자신의 것이 아니라면 얼마나 고통스러울까? 게다가 퇴직 이후에도 생계를 유지하기 위해서 싫은 일을 해야 한다는 것은 얼마나 비인간적인 일인가! 평생직업의 시대를 살아가는 사람들에게 일은 자기를 유지하는 가장 중요한 수단이다.

예전처럼 60세까지만 일하고 퇴직금 받아서 그동안 모은 돈으로 노후를 편하게 지낼 수 있는 시대가 아니다. 내일 아니 오늘 당장 회사를 그만둬야 할지도 모르는 판에 60세 퇴직은 엄청난 행운이 아니면 기대하기 힘들다. 그렇다면 보다 효과적으로 자신의 일을 발견하기 위해 노력해야 하는 것은 아닐까?

일을 통해 자신의 생산성을 끊임없이 확보할 수 있으려면 무조건 일이 좋아지도록 해야 한다. 그렇게 중요한 것을 해야 하는 시간에 당신은 지금 무엇을 하고 있는가 생각해볼 일이다.

Skill of Life

노후를 준비하는 방법

1. 좋아하는 직업으로 전문가가 되라

좋아하는 일에서 전문가가 될 수 있다면 우리는 평생노동을 반갑게 받아들일 것이다. 일이 곧 놀이이고 놀이가 곧 일이기 때문이다. 그런데 먹고 살 만큼 돈도 벌어야 하고 직업에서 전문성도 확보해야 하는데, 두 마리 토끼를 잡는 게 어려우니 사람들은 쉽게 돈 쪽으로 기울고 만다. 하지만 돈을 선택하는 순간 당신의 노후는 위기를 맞이한다는 사실을 기억하기 바란다. 돈은 소모되는 것이지만 능력은 축적되는 것이다. 전문가가 되면 퇴직이라는 걱정은 없다. 내 자신이 직업이 되는 것이다.

2. 눈높이를 낮춰라

노후를 위해 10억 정도는 준비해두어야 한다는 허무맹랑한 억측을 하는 사람들이 있다. 10억을 준비해두었다가 퇴직한 다음날 낚시하러 간 바닷가에서 빠져 죽는다면 아까워서 어떻게 눈을 감을까? 게다가 돈이 그렇게 많이 필요하지도 않다. 기본적인 연금으로도 충분히 생활할 수 있다. 문제는 눈높이를 낮추는 것이다. SUV를 끌고서 매일 백화점에 쇼핑을 다니고 파티에 참석해야 하는 것이 아니다. 제주도 여행이나 한번 가고 친구들과 가까운 산을 오르고는 막걸리한 사발 하는 것이 노후의 즐거움이다. 당신은 젊은 사람들이 돈을 쓰는 기준으로 노후 생활을 예측하기 때문에 엄청난 돈을 모아야 한다며 부산을 떠는 것이다. 책을 읽고 세상을 관조하며 친구들을 만나 장기나 한판 두고 아내의 손을 잡고 가까운 산을 찾아 자연의 아름다움을 즐기는 데에는 돈이 거의 들지 않는다.

3. 적게 써라

그래도 돈이 필요하다면 적게 쓰면 된다. 지금 당신의 소비에서 술값과 필요하지도 않은 비싼 물건들을 사대는 데 드는 돈만 모아도 노후의 기본생활은 충분할 것이다. 많이 쓰면서 항상 돈이 부족하다고 말하는 바보가 되어서는 안 된다. 그들에게는 영원히 돈이 부족할 것이다.

4. 연금을 활용하라

우리 국민들은 국가에 납부하는 것은 모두 세금이라고 생각하는 경향이 있다. 과거 권위주의시대에는 그랬을지 모르지만 지금은 그렇지 않다. 국민연금과 건강보험, 고용보험 같은 제도들도 보통 사람들은 세금으로 여기지만, 자세히 보면 인간으로서 기본적인 위험을 보장받고 삶의 질을 유지하기 위한 복지제도의 일환이다. 단지 내 주머니에서 돈이 나간다는 이유로 그것을 거부할 뿐이다. 그러면서도 나에게는 왜 더 많은 연금을 주지 않고, 의료보장을 확대하지 않느냐고 항의한다.

국민연금뿐만 아니라 사기업에서 판매하고 있는 연금제도를 잘 활용하면 노후에 대한 충분한 보장이 가능하다. 지금 노후생활을 컨설팅 해줄 만한 전문가를 만나서 노후 경제 문제를 해결해두자. 그래야 지금 이 순간 해야 할 일에 보다 충실할 수 있다.

47

일상의 의미를 찾아라

진실은 언제나 시간이라는 팔에 의지하여
절룩거리며 느릿느릿 걸어가는 것이다.
－그라시안

　자연은 그대로 있는데 인간이 느끼는 감정들이 달라지기에 사람
은 날마다 다른 기분으로 생활한다. 세상이 변하는 것이 아니라 사
람의 생각이 변하기 때문에 세상이 변하는 것처럼 느껴지는 것이
다. 세상이 아니라 세상을 바라보는 시각이 변함으로써 우리는 새
로운 세계를 하나 더 얻을 수 있다. 그 세계야말로 남들에게는 없
는 자신만의 진정한 의미의 세계라고 할 수 있다.

　하지만 이런 의미의 발견은 주어진 시각을 그대로 받아들이는
생활태도로는 이루어질 수 없다. 야근을 해보지 않은 사람은 야근
의 의미를 알지 못하고, 모처럼 일찍 출근한 아침에 스스로 사무실
청소를 해보지 않은 사람은 그 맛을 느낄 수 없다.

　결국 의미를 발견하는 일은 실천을 전제로 한다.

현재의 직장과 그에 따라 주어진 일에 대해서 심한 스트레스를 받고 있던 사람도 잠시 쉬면서 커피를 마시는 동안, 아주 오래 전 헤어졌던 친구와 만나 이런저런 이야기를 하는 동안, 혹은 피로한 일상을 짊어지고 퇴근하는 지하철의 차창 밖을 우연히 바라보는 순간과 같이 일정한 시점에 이르면 지금까지와 다른 새로운 발견을 하게 된다. 지금의 직장이 그렇게 나쁜 곳만은 아니구나, 그래도 지금까지 밥 벌어먹고 살게 해준 곳인데 내가 너무 삐딱한 시각으로만 바라보았구나, 하는 생각을 하게 되면서 직장과 일을 바라보는 태도가 바뀐다. 보통은 다른 사람들과의 솔직한 대화나 개인적인 성찰들이 계기가 되는 경우가 많다.

아주 각별한 애정을 가진 부부가 있었다.

행복했지만 그들도 죽음으로부터 자유로울 수는 없었다. 아내가 병을 얻어 먼저 세상을 떠났다. 남편은 너무나 슬픈 나머지 앞으로 살아가야 할 의미를 전혀 느끼지 못하고 실의에 빠지고 말았다. 결국 그는 정신과 의사의 상담을 받게 되었다.

의사가 그에게 물었다.

"만약 당신이 아내보다 먼저 죽게 되었다면 어떤 일이 일어났을까요?"

그러자 남편이 펄쩍 뛰며 말했다.

"아니오. 그런 일은 있어서는 안 됩니다. 이렇게 고통스러운 상황을 내가 아닌 사랑하는 아내에게 겪게 할 수는 없습니다."

그의 말에 의사가 덧붙였다.

"그렇다면 선생님께서는 돌아가신 아내의 고통을 대신 짊어지신 겁니다. 그녀의 고통을 대신 겪는다고 생각하시고 최선을 다해서 남은 인생을 사셔야 합니다."

그 후 남편은 아내를 사랑하는 마음을 간직하면서 자신의 슬픈 감정을 올바로 바라보며 여생을 살 수 있었다. 자신의 슬픔의 의미를 발견했기 때문이다.

길을 가는데 세 명의 석동이 돌을 자르고 있었다. 지나가는 사람이 첫 번째 석공에게 무엇을 하고 있느냐고 물었다. 첫 번째 석공은 "나는 돌을 자르고 있소"라고 대답했다.

두 번째 석공에서 무엇을 하고 있냐고 묻자, 그는 "돈을 벌기 위해 일을 하고 있소"라고 대답했다.

세 번째 석공에게 같은 질문을 했더니, 그는 "하느님의 복음을 전할 교회를 짓고 있소"라고 대답했다고 한다.

세 사람은 똑같은 일을 하고 있지만 그 일에 대해서 부여하고 있는 가치가 서로 달랐다. 세 사람 중에서 어떤 사람이 진정으로 자신의 일을 즐기며 행복한 삶을 살고 있을 것인지는 불 보듯 뻔한 일이다.

지금 자신이 하고 있는 일의 의미를 찾아보도록 하자.

Skill of Life

일상의 의미를 찾는 방법

1. 신문을 보지 마라

나는 신문을 보지 않는다. 대신 책을 본다. 신문에는 사건들과 광고, TV 프로그램 일정표가 있을 뿐 세상을 살아가는 지혜는 찾기 어렵다. 지혜는 독서와 관찰, 사색의 결과로 얻어지는 것이다. 일상에 빠져 있는 사람은 의미를 발견할 수 없다. 잠시 큰 틀에서 봐야 한다. 신문보다는 책을 보는 것이 큰 틀을 보는 방법이다.

2. 휴대폰과 사귀지 마라

버스나 지하철에서 많은 젊은이들이 휴대폰으로 뭔가 열심히 하고 있다. 마치 휴대폰과 사귀는 것처럼 보인다. 그들이 하는 일들은 주로 게임이었다. 혹은 아무런 할 일이 없기 때문에 휴대폰의 기능들을 무의식적으로 건드려보는 것이었다. 생각하기 싫어서 휴대폰을 건드리는 자신을 보라. 무슨 의미를 발견할 수 있을까?

3. 샤워를 하면서 하루를 계획하라

아침 일찍 일어나 샤워를 하는 시간은 중요하다. 하루를 계획하는 시간으로 활용할 수 있기 때문이다. 하루의 일과를 오전, 오후, 저녁으로 나누어서 무엇을 할 것인지 생각해보면 자연스럽게 어떤 일들이 내게 중요한지를 결정하게 된다. 그런 결정의 과정이 의미를 찾아가는 과정이다.

4. 자료를 찾기 전에 생각부터 하라

일을 하기 전에 스스로 일의 방향을 결정하고 나서 필요한 자료를 찾아야 한다. 전임자는 어떻게 그 일을 하였고 그것에 대한 정보는 어떤 것들이 있는지를 먼저 찾아본다면, 그것은 이미 일의 방향을 결정해놓고 내 생각을 보충하는 결과밖에 되지 않는다.

5. 일기를 써라

일기라는 공간은 자기만의 역사를 기록하는 곳이다. 자기 삶의 여정을 기록하고 평가하고 정리하는 곳이다. 일기만큼 하루를 잘 정리하고 의미를 발견하도록 돕는 것은 없을 것이다. 우리는 글을 쓰면서 생각하고 생각하면서 의미를 발견하고 깊어진다.

일상의 의미를 찾는 방법
1. 신문을 보지 마라
2. 휴대폰과 사귀지 마라
3. 샤워를 하면서 하루를 계획하라
4. 자료를 찾기 전에 생각부터 하라
5. 일기를 써라

48

창의성을 발휘하라

이 세상의 모든 훌륭한 것들은
모두가 독창성의 열매이다.
–존 스튜어트 밀

    한편의 영화를 보고 나면 가슴을 울리는 대사들이 있다. 하지만 아쉽게도 영화를 보는 순간 '저거다' 싶은 말들은 극장을 나오고 나면 전혀 기억나지 않는다. 그래서 인터넷을 검색하는데, 사람의 감성은 비슷한지 내가 원하는 대사들을 다른 사람들도 잊혀지지 않는다며 자기들 홈페이지나 블로그에 옮겨다 놓는 친절을 보여준다.

    영화 〈황산벌〉을 보고서 가장 기억에 남는 장면은 역시 계백과 그의 아내가 나누는 대화였다. 아마 이 영화를 본 대부분의 사람들이 그럴 것이다.

    계백은 황산벌 전투를 앞두고, 내 처자가 잡혀서 노비가 될지도 모르니 살아서 욕을 보는 것보다 죽는 것이 낫다는 말로 처와 자식들이 자결할 것을 강요한다. 그러자 계백의 아내가 하는 말이다.

"니가 해준 게 뭐 있냐, 씨만 뿌려놓고서는 맨날 칼쌈만 하러 돌아다닌 주제에……."

이상한 쾌감이랄까? 소외된 자들의 말투는 상대의 허를 찌를 힘이 있다. 계백은 아내의 말을 무시하고 소리친다.

"호랑이는 죽어서 가죽을 남기고 사람은 죽어서 이름을 남긴다고 했으니, 살아서 치욕을 당하지 말고 당당하게 죽자."

그러자 통곡하듯 계백의 아내는 이렇게 토해낸다.

"아가리는 비뚤어져도 말을 똑바로 하랬써야. 호랑이는 가죽 땜시 디지고 사람은 이름 땜시 디지는 거시여. 이 등신아!"

계백 아내의 절규를 들으면서 오래 전에 읽었던 양애경의 시 한 편이 떠올랐다.

계백의 아내

당신과
당신의 아내인 저와
당신의 아이들
우리들이 얼굴을 마주보는 것도 오늘뿐
내일이란 없겠지요.
……
제 옷깃 안에
오도도 떨고 있는 아이들을 보세요.

어쩌다 사람 손아귀에 든 작은 새처럼 쿵쿵 울리는
그 아이들의 심장 뛰는 소리를 느끼시는지요.
……

칼날에 동강 나는 것은 너무나 무서워요.
패장의 가솔은 노비가 된다지만
노비로라도 살아가다 보면
자식, 자식, 그 자식의 자식 때라도
다시 사람답게 살 수 있지 않을까요?
나라 위해 죽는다지만
그 나랏님은 나라를 위해 무엇을 했나요.
……

우리 죽지 말고 살도록 해요.
그게 안 된다면 여보
저와 아이들이라도 살려주세요 여보 살려주세요.
……!
(후략)

우리는 모두 계백 중심의 역사에 길들여져 있다. 조국과 백성을
위해 자신의 가솔들을 죽이는 결의를 보여준 위대한 맹장 계백. 그
러나 영화는 역사에는 계백의 시각만이 아니라 그의 아내와 아이
들의 시각도 존재하고 있음을 분명히 보여준다. 계백의 아내와 아
이들은 살고 싶어 한다. 자신들을 위해 아무것도 해주지 않은 나라

를 위해 죽을 이유가 없는 것이다.

대의(大義)를 위한다는 명분하에 우리는 지금도 수많은 아내와 자식들을 소외시키고 있는지 모른다. 그 대의라는 것도 사실은 우리의 개인적 이익을 위해 만들어낸 조작물에 불과할 뿐인 경우가 대부분이다. 혹은 남들이 말하는 대의를 강요당하면서도 어쩔 수 없이 수용하고 있는 것이 오늘날 우리들의 사는 모습일 것이다. 계백의 아내는 우리에게 대의가 무엇인지, 당신의 삶은 어떤 의미가 있는지 묻고 있는 것이다.

영화 〈황산벌〉을 보면서 이렇게 기존의 사고를 뒤집을 수 있는 상상력이 부러웠다. 그것은 바로 창의성이다. 같은 사물이지만 다르게 볼 수 있는 시각을 소유한다는 것은 현대사회를 살아가는 사람들에게는 엄청난 힘이 된다. 그래서 창의성 교육이라는 열풍이 불고 있는 것이다.

창의성은 기존의 당연하다고 생각되는 것에 의문을 품으면서 시작된다. 그래서 세상을 삐딱하게 보거나 기존의 것들에 대해 "왜?"라고 의문을 던질 수 있는 사람이 창의적인 해결책을 만들어낼 가능성이 많은 것이다.

지금 하고 있는 일에서 창의성을 발휘하고 싶다면, "왜?"라는 질문을 던져보자.

Skill of Life

창의성을 살리는 방법

1. 생각하기를 반복하라

창의적인 사람이 따로 있다는 것은 편견이다. 자신에게 기대하지 말라는 의도로 사람들은 그런 말을 던지곤 한다. 창의적이라고 말하면 새로운 것을 만들어내기 위해 생각해야 하기 때문이다. 사람들은 생각하기 싫어서 '나는 창의적이지 않다'고 말한다. 진정으로 창의적인 사람의 특징은 생각하기를 그치지 않는다는 것이다. 한 가지 해결책이 떠올라도 그것에 만족하지 않고 생각하고 또 생각한다. 그러다 보면 무릎을 탁 칠 만한 괜찮은 것이 나오게 마련이다. 그것이 바로 창의성이다.

2. 외워라

창의성은 외우는 것과는 상관없다? 전혀 그렇지 않다. 기본적인 것들을 외우고 있을 때 그것이 중요한 순간에 머릿속에 떠오르면서 보다 좋은 생각을 만들어낸다. 외워둔 것이 없다면 생각의 연계고리를 만들어낼 만한 기준이 없기 때문에 생각의 파급을 낳을 수 없다. 그래서 중요한 내용들은 반드시 핵심을 정해서 외워야 한다.

3. 절대 '안 돼!'라는 말은 하지 마라

아이들은 물론이고 자기 자신에게도 안 된다는 말은 하지 말자. 안 된다고 말한다는 것은 나는 안 된다는 것을 알고 있다는 뜻이다. 그런 사람일수록 상상하고 행동할 수 없는 법이다. '안 돼!'라는 말이 너무 흔하게 사용되고 있다. 우리는 엎드려 기기 시작하는 아이 때부터 '안 돼!'라는 엄마의 고함소리를 듣고 자라지 않았던가. '안 돼'는 창의성을 죽이고 시작도 할 수 없게 만드는 독과 같은 말이다.

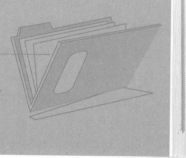

창의성을 살리는 방법
1. 생각하기를 반복하라
2. 외워라
3. 절대 '안 돼!'라는 말은 하지 마라

49

자기 자신을 사랑하라

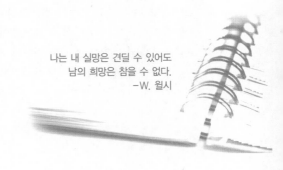

나는 내 실망은 견딜 수 있어도
남의 희망은 참을 수 없다.
-W. 윌시

사람들은 걸핏하면 '자신 없다'는 말을 한다. 주위에서 중요한 일을 시키려고 하거나 도전해볼 만한 일을 발견했을 때에도 '자신 없다'는 말로 스스로를 무너뜨린다. 그런 사람들은 보통 한 번 혹은 두 번 정도 해보고는 안 되는 것이었다면서 완전히 손을 놓고 포기해버리는 습관이 있다. 그렇기 때문에 해도 안 될 거 왜 하냐는 자연스러운 패배의식이 자리 잡은 것이다.

그러나 근원적인 이유는 실제로 그것이 불가능한 것이었기 때문이 아니라 안 된다며 미리 포기해버리는 나약한 심성 때문이다. 게다가 이런 사람들은 거의 행동은 하지 않고 말로 세상을 살아가려고 한다. 다시 말하면 도전하고 노력하는 것이 싫기 때문에 자신감이 없다고 말해버리는 것이다. 자신 없다고 말하는 것은 게으르다는 말과 같다.

자신을 사랑하는 사람들은 자신 없다고 말하지 않는다. 자기에게 칭찬과 격려를 통해 새롭게 시작할 용기를 주려는 사람이야말로 진정으로 자신을 사랑하는 사람이다. 당신이 사랑하고 있는 사람을 어떻게 대하는지 생각해보자. 당신은 사랑하는 사람을 위해 최선의 배려를 해줄 것이다. 칭찬과 격려뿐만 아니라 사랑하는 사람이 원하는 것은 무엇이든지 해주려고 노력하고 해줄 수 없을 때는 안타까워하며 발을 동동 구를 것이다. 항상 곁에서 지켜주고 무사히 하루를 마칠 수 있도록 기도해줄 것이다. 그것을 바로 당신 자신에게 해야 한다. 그렇게 할 때 비로소 할 수 있는 사람이 된다. 자신에 대한 사랑이야말로 성공의 열쇠이다.

그것은 자만과는 다르다. 자만하고 있는 사람은 스스로에 대한 근거 없는 믿음으로 인해 불행한 삶을 살고 있는 사람이다. 자만하는 사람은 스스로를 사랑하는 방식이 비뚤어져 있어서 다른 사람을 깎아내리거나 자신을 과대 포장함으로써 자신감을 얻으려고 한다. 하지만 그것은 진정한 자기 믿음이 될 수 없다. 자신을 사랑하는 사람들은 오히려 자신을 소개할 때에도 너무나 부족한 사람인 것처럼 말하는 경향이 있다. 그런 면에서 자기 자신에 대해 차갑게 혹은 비참하게 말하는 사람들은 자신을 너무나도 사랑하는 사람들이다.

누구나 스스로가 인정하는 약점이나 부족함 혹은 성격적 결함 같은 문제점이 있다. 얼굴이나 몸에 큰 화상자국이 있다거나 다리를 다쳐서 제대로 걷지 못한다거나 하는 큰 문제에서부터, 손가락이 못생겨서 다른 사람들 앞에 내보이지 못한다거나 기미가 너무 많아서 화장을 두껍게 해야 한다거나 혀 짧은 소리를 낸다거나 하는 작은 문제들까지 누구나 한두 가지 문제들은 있게 마련이다.

이런 결점들을 대하는 태도는 어떨까? 우리는 가끔 이렇게 말한다.

"나 같은 장애인들은……."

"나 같은 소인족들은……."

"나는 천성이 게으른 편이서……."

사람들은 자신의 문제점을 과장해서 말하는 것을 즐긴다. 자신에 대한 냉소적인 표현들은 자기 현실을 과장함으로써 별것 아닌 작은 문제로 만들려는 노력, 혹은 내 결점을 충분히 알고 있으니 당신은 내 결점에 대해서는 신경 쓰지 말라는 상대방에 대한 시위 같은 것이다. 자신을 부족한 듯 묘사함으로써 얻는 쾌감을 통해 우리는 밑바닥 정신을 일깨우고 비로소 자신의 약점으로부터 자유로울 수 있다. 그런 면에서 자신에 대해 냉소적으로 말하는 사람은 자신을 진정으로 사랑하는 사람이다.

어떤 형태로든 자기 자신에 대한 신뢰를 유지하기 위해 노력해야 한다. 나는 할 수 있다고 매일 외쳐보는 것도 좋고, 한번 해보겠다고 매순간 다짐하는 것도 좋다. 자신에 대한 신뢰와 자신감은 만들어지는 것이다. 그것은 남이 만들어줄 수 없고 시간이 간다고 자연스럽게 생기는 것도 아니다.

영어를 못하는 사람은 영어학원에 갈 수 없다. 부끄럽기 때문이다. 수영을 못하는 사람은 그것이 부끄러워 바닷가로 피서를 가지 않는다. 노래를 못하는 사람은 노래방에 가서도 화장실에 가는 횟수가 많아지고 어느 순간 사라지고 없을 것이다.

우리는 뭔가 조금은 잘할 수 있어야만 용기를 낼 수 있다. 기초적인 수준의 인사말이나 회화 정도를 할 수 있다면 외국어 학원의 문을 두드릴 가능성은 높다. 개헤엄이라도 물에 뜰 수만 있다면 수영장에 갈 것이고, 좋아하는 노래를 불러서 잘한다는 이야기를 한 번이라도 듣고 나면 회식자리에서 2차는 노래방으로 가자는 말이 자연스럽게 나올 것이다.

아주 조금이지만 그것을 할 수 있는 수준으로 우리 자신을 개선해야 한다. 게다가 남들 몰래 그런 실력을 갖추어야 한다. 그 후에는 남들에게 알리면서 배울 수 있는 기회를 떳떳하게 가지게 된다. 진입장벽을 뛰어넘는 시작은 장벽 근처를 배회하거나 피하는 것이 아니라 뛰어넘기 좋게 구름판 하나를 준비하는 것이다. 남들 눈에 보이지 않도록 잘 위장된 구름판 하나를 만드는 것이다.

새 업무를 맡거나 맡게 될 가능성이 있을 때 그 일에 대해 충분히 공부해두어야 한다. 그러면 막상 그 일이 자신에게 주어졌을 때 자신감 부족으로 인한 불만이 생기지 않는다. 곧 적극적 수용이 가능하다. 이것은 곧 자기를 바꾸고 성장시킬 기회가 된다. 자신감을 갖기 위해서는 연습과 실천의 반복을 통해 기본적인 기술을 익혀야 하며, 그 과정 속에서 스스로에 대한 믿음을 확인할 수 있다.

Skill of Life

자기에 대한 믿음을 갖는 방법

1. 자신을 긍정하라

자신을 긍정해야 한다. 나는 할 수 있다고 생각하는 것이 습관이 되어야 한다. 엘리베이터 안에서 거울을 보며 '나도 이 정도면 괜찮은 놈이야'라고 생각할 수 있어야 한다. '나는 왜 이럴까?' 하는 부정적인 생각에 휩싸이면 남들 앞에 나가기도 민망해지고, 그런 태도 때문에 남들까지 당신을 보잘것없는 사람 취급하게 된다. 결국 당신 때문에 그렇게 되었으니 원망할 곳도 없다. 자신을 긍정해야 남들도 나를 긍정적으로 생각해줄 것이다.

2. 작은 성공의 경험을 쌓아라

큰 성공이 아니라 작은 성공이 필요하다. 작은 성공의 경험들이 축적되면 자신에 대한 믿음도 강화될 것이고 큰일도 해낼 수 있다. 그래서 하루의 일과에 목적의식적으로 체계를 갖추려고 끊임없이 노력해야 한다. 그것은 일상의 작은 부분에서 성공할 수 있는 기본적 조건이다. 점심시간 관리하기, 커피는 두 잔만 마시기, 퇴근 전에 오늘의 업무 평가하기 같은 간단한 일들의 성공경험에서 자신에 대한 믿음이 생긴다.

3. 남몰래 연습하라

　일단 다른 사람들에게 알리지 말고 혼자 연습하는 시간을 가져야한다. 그리고 일정한 수준에 오르기 전까지는 절대 남들에게 자기 실력을 알려서는 안 된다. 제법 괜찮을 정도로 실력이 쌓였을 때 보여줘야 남들도 놀라고, 스스로의 자신감도 강해지는 법이다. 남몰래 혼자연습하는 시간이 없다면 제대로 실력을 쌓아가기 어렵다. 자신감이란만들어지는 것이다.

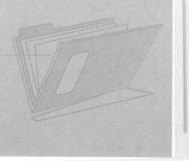

자기에 대한 믿음을 갖는 방법
1. 자신을 긍정하라
2. 작은 성공의 경험을 쌓아라
3. 남몰래 연습하라

50

자기 자신을 재창조하라

창조는 투쟁에 의해 생긴다.
투쟁 없는 곳에 인생은 없다.
－비스마르크

'생산적'이라는 말이 진정으로 적용되어야 할 곳은 바로 우리 자신이다. 진정한 생산성이란 자기 자신을 다시 창조하는 것과 관련된 것이어야 한다.

우리는 생산적이라는 말의 대상을 나 자신이 아니라 내가 대하는 사물에 적용시키려고 애쓰며 산다. 물건을 좀더 생산적으로 만들어내고, 생산적으로 판매하고, 생산적으로 관리하고, 생산적으로 노는 것들에 집중하다 보니 자연히 자신에 대한 것은 잊혀진다. 하지만 자신을 재창조하지 못하는 사람은 오직 다른 사람이 생산적으로 되는 것을 도와주거나 회사의 물건을 생산적으로 판매하는 방법만을 개발함으로써 회사의 이익에만 복무하게 된다. 그 결과 자신의 삶을 개선하는 일에는 전혀 문외한이 되고 만다.

자신의 문제에는 어느 누구도 관심이 없다. 오직 자기 자신만이 그것을 해결할 수 있다. 많은 사람들이 이 책임감을 회피하기 위해서 자신이 아닌 다른 것들에 집착하지만, 그 결과는 지금 현재의 모습과 전혀 다르지 않다. 자신의 삶이 발전하고 상승하고 있음을 느끼고 싶어 하지만, 얻는 것이라고는 매월 말이면 확인되는 통장의 월급뿐이다. 월급이 우리의 삶을 상승시키지 않는다는 것을 알지만 방법을 모른다면 그런 느낌은 무의미할 뿐일 것이다.

자신을 재창조하는 수단은 누구나 가지고 있다. 사용하지 못할 뿐이다. 여기 나 스스로를 재창조하는 수단 세 가지를 소개한다.

첫 번째, 책이다.

책은 세상의 정보와 지식들을 알려준다. 책을 읽지 않으면 정보와 지식을 얻어내기가 어렵다. 얻을 수 있다고 해도 편협한 일부분을 확대 해석하는 오류를 진리라고 생각하게 되는 경우가 많다. 보다 넓은 시야를 가지고 다양한 측면들을 알기 위해서는 독서가 필수적이다. 독불장군은 부족한 경험들 탓에 만들어진다.

두 번째, 생각이다.

책은 세상의 정보와 지식들을 넘겨주지만 더 이상은 아니다. 정보와 지식을 뛰어넘어 그것이 어떤 의미 있는 것으로 재조합되어야 한다. 그 결과물은 바로 지혜가 된다. 지혜는 정보와 지식만 있다고 해서 얻어지지 않는다. 지혜는 스스로의 생각을 정제하는 과정을 거쳐야만 얻을 수 있다.

생각해보라. 이 세상에는 정보와 지식을 엄청나게 가진 사람들이 많다. 그러나 그들 모두가 지혜롭지는 않다. 지혜를 가진 사람들은 정보와 지식에 집착하는 사람들이 아니라, 그것을 통해서 생각할 거리들을 얻어내고 현실을 통해 재확인해보는 사람들이다.

세 번째, 행동이다.

지혜를 가진 것으로는 소용없다. 지혜는 사용되어야 한다. 머릿속에 아무리 훌륭한 생각과 사상이 있더라도 현실에서 문제를 해결하는 곳에 사용되지 않는다면 소용없는 일이다. 그의 죽음과 함께 이 땅에서 사라질 운명이니 말이다. 게다가 세상은 변한다. 변하는 세상에서는 지혜를 사용할 수 있는 곳도 변한다. 어제의 지혜가 오늘은 폐기되어야 하는 경우도 얼마든지 있다. 지혜는 현실을 통해 재확인되고 검증되고 혹은 수정되고 변화되면서 새로운 지혜로 업그레이드되어야 한다. 그래야 살아 있는 지혜일 수 있다.

생각이나 행동이 뒷받침되지 않는 책읽기는 자기를 재창조할 수 없다. 오히려 자기를 고착화시키고 유동성을 저해하는 요소들을 만들어낸다. 책읽기나 다른 사람들의 말을 깊이 새겨보지 않은 행동은 위험하다. 행동하는 것은 좋은 것이지만 생각이 뒷받침되지 않는 행동은 가치관 결여로 인해 얻을 수 있는 게 없다. 세 가지는 상호 유기적으로 이루어져야 한다.

내 안에는 수천, 수만 개의 내가 존재하고 있다. 그것을 발견하고 계발하여 세상에 내놓는 일이야말로 어제와 다른 나를, 오늘과 다른 내일의 나를 만들어가는 일이다.

니체는 "인간은 자신을 넘어서야 할 그 무엇이다"라고 했다. 우리는 오늘의 나를 넘어서야 한다. 스스로를 재생산하는 것은 지금의 나를 넘어선다는 것이며 그것은 발전과 성장을 의미한다. 진정한 생산성이란 오늘의 내가 아닌 내일의 나를 만드는 삶의 진솔한 작업과 관계된 것이다.

Skill of Life

하루를 사는 비결

    내 책상 앞에는 '하루를 사는 비결' 이라는 제목의 글이 적혀 있다. 그 내용은 이렇다.

1. 하루에 글 하나를 쓰자.
2. 하루에 좋은 생각 하나를 남기자.
3. 하루에 한 번 이상 감사하는 마음을 갖자.
4. 하루에 전화(메일) 한 통 하자.
5. 하루에 한 번 하늘을 보자.

    자신을 재창조하는 것은 하루를 사는 태도를 만드는 것과 관계 있다. 하루를 바꾸지 않으면 우리 삶은 바뀌지 않는다. 하루야말로 우리 삶의 최고 양식이며 우리는 그것을 제대로 이용할 수 있어야 한다.